엄마에게

그림책이면 충분하다

1판 1쇄 | 2018년 3월 20일   1판 4쇄 | 2025년 1월 2일

글쓴이 | 김영미
펴낸이 | 조재은   편집부 | 김명옥 육수정
영업관리부 | 조희정 정영주

펴낸곳 | (주)양철북출판사
등록 | 2001년 11월 21일 제25100-2002-380호
주소 | 서울시 영등포구 양산로 91 리드원센터 1303호
전화 | 02-335-6407   팩스 | 0505-335-6408
전자우편 | tindrum@tindrum.co.kr
ISBN | 978-89-6372-270-2 03810   값 | 16,000원

편집 | 김명옥   디자인 | 표지 김선미   본문 육수정

© 김영미, 2018
이 책의 내용을 쓸 때는 저작권자와 출판사의 허락을 받아야 합니다.

본문에 게재된 사진과 인용문 중 저작권자의 동의를 구하지 못한 것은
저작권자가 확인되는 대로 정식 절차를 밟겠습니다.

잘못된 책은 바꾸어 드립니다.

김영미 씀

그림책이면 충분하다

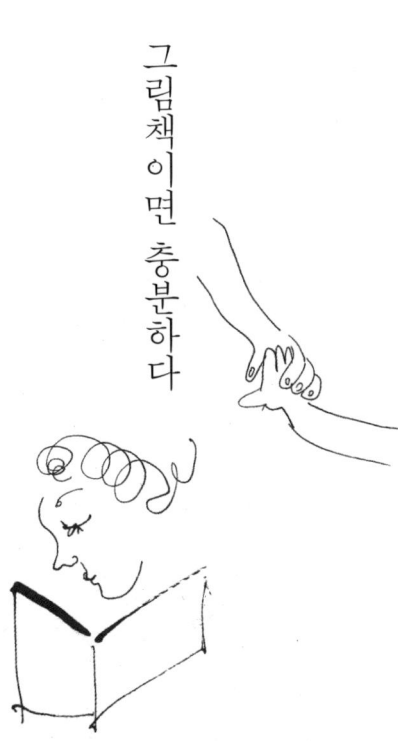

양철북

책을 펴내며
다른 삶을 살고 싶다면

《읽을 수 있어요》라는 그림책이 있다. 딕 브루너의 책인데, 주인공 꼬마가 '나는 읽을 수 있다'면서 책 한 권을 펼친다. 아이는 한 장 한 장 책을 읽는다.

　이것은 내 눈
　이것은 내 코
　이것은 내 손과 다리

그런데 아이는 자기 눈을, 그다음엔 자기의 코를 가리킨다. 책을 읽는다고 하고서는 말이다. 그러니까 이 아이에게는 얼굴과 팔다리가 책이고, 이렇게 얼굴과 팔다리를 읽고 있는 것이다.

이것은 내 동생
이것은 우리 엄마
우리 할아버지

이번에는 가족을 한 명 한 명 읽는다. 그리고 마지막에 "나 참 잘 읽지요" 하고 말한다. '읽을 수 있어요!' 하면서 나를 읽고 가족을 읽는 아이. 그림책 한 권으로 내가 누구인지, 나는 어디에 있는지 그리고 지금 누구와 함께하는지를 읽는 것이다. 무엇이 더 필요할까?

난 이렇게 뒤늦게야 그림책을 읽으면서 비로소 내가 읽어야 할 책이 무엇인지, 책을 어떻게 읽어야 하는지 알게 되었다. 내가 읽어야 할 것을 제대로 읽지 못해 내 삶이 힘들고 불안했던 거였다. 그림책이 알려 주었다. 그림책 한 권이 이렇게 충분하다는 것을.

'그림책이면 충분하다' 이것은 내 말이 아니다. 중·고 대안학교에서 그림책으로 책 읽기 수업을 할 때였다. 고3 올라가는 아이들과 수능이 끝나고 나면 그림책을 읽고 글을 쓰자고 약속했다. 그리고 수능이 끝나자마자 난 교실 바닥에 그림책 백 권을 펼쳐 놓았다. 오고 가며 읽으라고. 오고 가며 읽다가 혹시 마음을 움직이는 그림책을 만나면 글을 쓰자. 차분히 그림책 이야기도 하고 싶었고 아이들이 쓴 글을 모아 문집을 만들어 선물도 하고 싶었다. 속마음은 고등학교 아이들이 어떻게 그림책을 읽는지도 알고 싶었다.

그렇게 아이들과 그림책을 읽고 글을 썼다. 5~6년을 함께 기숙학교에 살면서 한 번도 말하지 못했던 꼭꼭 숨겨 둔 이야기들은 그대로 글이 되었다. 아이들은 그림책의 주제나 그림책의 주인공 이야기보다는 다들 자기 이야기에 열중했다. 글을 잘 쓰고 못 쓰고는 중요하지 않았.

우리는 부끄러운 이야기를 부끄럽지 않게 했으며 부끄러운 이야기를 부끄럽지 않게 들었다. 다 그림책 덕분이었다. 우리가 이제까지 알았던 부끄러움은 부끄러움이 아니었고 우리는 다른 부끄러움을 알아가고 있었다. 누군가 말했다.

"선생님, 그림책이면 충분하네요."

그때 아이들이 읽었던 그림책 속 주인공은
힘이 약하거나
딴짓에 정신이 팔려 있었으며
자기만의 길을 찾아 떠났다.
그들은 모두 세상이 말하는 대로 살지 않았다.
세상이 말하는 대로 살지 못하는 것이 부끄러운 줄 알았는데 세상이 말하는 대로 사는 것이 부끄러운 일이 되었다.

《겁쟁이 빌리》를 읽고 자기를 만난 수현이, 《할머니가 남긴 선물》을 읽고 조금만 날씨 색깔이 달라도 연락을 해 오는 수진이, 《까마귀 소년》처럼 자연을 읽어 내며 자기 이름을 찾아 길을 떠난 건호……. 그러고 보니 다 내가 놓치고 살았던 내 삶의 모습들이었다. '그림책이면 충분하다'는 말은 이제 내 말이 되었다. 정말이지 그림책이면 충분했다.

나는 우연히 만난 어린이도서연구회에서 어린이 문학을 만났다. 옛이야기와 동화책 그리고 그림책을 읽게 되었다. 어린이 문학이 주는 아름다움과 깊이는 내가 이 세상을 해석하는 기준이 되었고, 그래서 난 그 무엇이 아니어도 좋았다. 무엇보다 함께 책을 읽는 일은 재미있었다. 그렇게 어린이 문학을 읽고 글을 쓰며 함께했던 사람들이 시간이 흘러 이제 하나둘 책을 냈다는 소식이 들려온다. 모두들 약속이나 한 듯 서문에서 어린이책을 읽고 글을 쓰는 일, 이만한 재미가 없었다고 썼다. 그래서 여기까지 왔다고 말이다. 이 말은 내가 하고 싶었던 말이기도 하다. 세상에 이만한 재미가 없다. 세상에서 제일 재밌는 일은 그림책을 읽고 그림책 이야기를 하다가 그림책 읽은 이야기를 쓰는 순간이다. 바로 지금처럼. 그리고 그 시간들이 모여 이렇게 책 한 권을 세상에 내놓게 되었다.

누가 시켜서가 아니라 자기완성을 위해 글과 그림을 붙잡고 있는 그림책 작가들에게 고마움을 전하고 싶다. 그리고 그림책이면 충분하다는 것을 알려 준 우리 학교 아이들, 어린이책을 같이 읽고 글 쓰는 일, 그 재밌는 일을 함께했던 어린이도서연구회와 똘배어린이문학회 친구들, 책은 언제 나오냐며 기다려 준 대전의 그림책 친구들.
모두 고맙습니다.
덕분입니다.

2018년 3월 김영미

차례

책을 펴내며_ 다른 삶을 살고 싶다면 5

무엇을 하며, 무엇을 꿈꾸며

꿈꾸는 능력 괴물들이 사는 나라	14
시인과 애국자 시인과 여우 | 시인과 요술 조약돌	28
마지막 수업 할머니가 남긴 선물	42
선생님! 헨리들입니다 헨리는 피치버그까지 걸어서 가요	56

이름들

어디서 왔는지 알 순 없지만 작은 발견	66
내가 나를 만날 때 겁쟁이 빌리	76
이름이 만들어 내는 세계 이름 짓기 좋아하는 할머니	90
길을 떠나야 한다 미스 럼피우스 | 리디아의 정원	102

태어난 이유

쌀 씻는 소리가 들리던 그 담 담	114
아버지와 딸 그리고 엄마들 조개맨들	130
아빠는 어디에 살고 계시니? 아빠는 지금 하인리히 거리에 산다	142
이 세상에 잘 왔다고, 나를 축복하는 태어난 아이	154

나의 시간

누가 그래요? 민들레는 민들레라고 민들레는 민들레	166
자기를 만나는 시간 넉 점 반	180
혼자가 되는 절대의 시간 까마귀 소년	194
꽃과 무덤 100만 번 산 고양이	208

어른이 된다는 것

할머니가 읽은 책은? 책 읽기 좋아하는 할머니	218
애들아, 차 마실 시간이야 검피 아저씨의 뱃놀이	232
내 이야기 만들러 훨훨 간다 l 좁쌀 반 됫박	244
하루하루를 살고 쓰고 HENRY WORKS(헨리는 일해요)	260

무엇을 하며, 무엇을 꿈꾸며

꿈
꾸는
능력

괴물들이 사는 나라
———
모리스 샌닥 글·그림
시공주니어
2002

만약 당신이 소설을 읽지 않는다면

《각하, 문학을 읽으십시오》란 책이 있다. 내가 학교에서 수업할 때 참 많이도 인용했던 책이다. 여기서 '각하'는 캐나다의 수상이기도 하고 우리나라의 박근혜 전 대통령이기도 하다. 《파이 이야기》로 유명한 캐나다의 소설가 얀 마텔이 자기네 나라 수상인 스티븐 하퍼에게 책과 함께 편지를 보냈는데 이것을 묶어서 책으로 냈다. 이 책이 우리나라에도 번역되어 나왔고, 그 제목이 《각하, 문학을 읽으십시오》다. 우리나라 책에는 특별히 '박근혜 대통령께' 보내는 편지를 서문 앞에 따로 실었다.

박근혜 대통령 각하 픽션을 읽으십시오. 그것이 새로운 세계를 꿈꾸는 하나의 방법입니다. 모든 정치인이 원하는 것이 새로운 세계, 더 나은 세계를 이룩하는 것이 아니었습니까?

— '박근혜 대통령께 보내는 글', 《각하, 문학을 읽으십시오》

만약 당신이 《이반 일리치의 죽음》이나 다른 러시아 소설을 전혀 읽지 않았다면, 《변신》이나 다른 독일 소설을 전혀 읽지 않았다면, 《고도를 기다리며》와 《등대로》 등과 같은 실험 소설이나 실험 희곡을 전혀 읽지 않았다면, 《괴물들이 사는 나라》 《샬롯의 거미줄》 같은 어린이책을 전혀 읽지 않았다면, 그의 마음속에는 대체 무엇이 있겠는가? 인간 조건에 대한 통찰력을 어디에서 얻었겠는가? 인간다운 감성을 어떻게 구축했겠는가? 무엇을 근거로 상상하고, 그 상상의 색깔과 무늬는 무엇이겠는가? 당신의 마음속에 무엇이 있겠습니까? (……)

그렇기에 독서가 필요한 것입니다.

픽션을 읽으십시오.

— 서문, 《각하, 문학을 읽으십시오》

난 이 책을 읽지 않았다. 제목 한 줄로 충분했기 때문이다.

제목 한 줄로도 충분한데 박 대통령께 보내는 편지글과 서문이라니…… 서문을 읽고는 속이 다 시원했다.

문학이 새로운 세계를 꿈꾸는 하나의 방법이라 한다. 뿐만 아니라 문학은 인간 조건에 대한 통찰력을 주고, 인간다운 감성을 구축하게 하며, 상상의 근거가 되고, 상상의 색깔과 무늬를 그릴 수 있는 것이라고, 그것이 바로 문학이라고. 그러니 문학 즉 소설책을 읽으라고 말이다.

그러면서 얀 마텔은 광적인 정치적 상황에서 벗어나지 못하면, 대통령이 진정으로 무엇을 하기를 바라고 어느 방향으로 가야 하는지 냉철하게 판단하기 힘드니 이때 픽션을 읽으라고 했다. 소설을 읽지 않는 캐나다의 하퍼 수상을 닮지 말고 소설을 가까이 두고 읽는 오바마를 닮으라는 말이었다. 처음 이 책을 접했을 때만 해도 나도 대통령이 혹여 소설책을 읽었으면 하고 바랐는데, 턱도 없는 소리였겠구나 싶다.

난 새로운 세계, 그러니까 내가 꿈꾸는 세계는 숫자가 만들어 주는 줄 알았다. 그렇게 배웠다. 그리고 그 숫자와 함께 성장했고 어른이 되었다. 100억 불 수출 달성과 국민소득 1000달러 시대라는 먼 이야기부터 국민소득 2만 달러, 3만 달러 이야기들. 어른이 되고 난 한참 후에도 그렇게 알았다. 물론 언제부턴가 그런 숫자가 주는 거짓 희망조차 사라졌지만…….

그리고 박근혜 사건들 앞에 《각하, 문학을 읽으십시오》 이 책을 다시 꺼내 들었다. 박근혜 대통령 당신이 소설을 읽지 않는다면 마음속에 무엇이 있겠는지, 더 나은 세계를 어떻게 꿈꾸는지 묻고 있었다. 아니, 나에게 묻고 있었다.

얀 마텔은 박근혜 대통령 마음속에 무엇이 있는지 그것은 어디서 왔는지…… 그리고 정말 우리가 이토록 문학을 무시하고 살아도 되는 것인지 모두에게 묻고 있었다. 과연 우리는 무엇으로 꿈을 꾸고 무엇으로 전망하며 무엇으로 통찰력을 얻을 수 있을까?

어린 시절에만 배울 수 있는 것들

2주에 두 권씩 4년이던가. 얀 마텔이 캐나다 하퍼 수상에게 편지와 함께 보냈다던 픽션은 백여 권이 넘는다. 그 책들 가운데 단연코 내 눈에 띄는 것이 《괴물들이 사는 나라》와 《샬롯의 거미줄》 그리고 린드그렌의 《사자왕 형제의 모험》이었다. 마침 내가 읽은 책이기도 했지만 이런 어린이책을 알고 있는 그의 혜안에 감탄했다. 또 다른 그림책 두어 권이 있었는데 다들 참 기가 막힌 책들이었다. 얀 마텔이 이런 어린이 그림책과 동화책들을 굳이 보낸 데는 까닭이 있었을 것이다.

중·고등학교 때 소설 읽는 것이 좋아 국문학과를 선택했지만 서른이 넘어 뒤늦게 읽게 된 어린이 그림책과 동화책 덕분에 문학을 다시 만나게 되었다. 그때 읽었던 책들이 《괴물들이 사는 나라》《샬롯의 거미줄》《사자왕 형제의 모험》 그리고 우리나라의 《몽실 언니》였다. 얀 마텔이 《몽실 언니》를 읽었다면 분명 이 책도 보냈을 텐데. 이런 최고의 문학작품들을 보냈건만, (얀 마텔의 《파이 이야기》를 읽은 오바마 대통령은 한 명의 독자로서, 학부모로서 감사의 편지를 보냈건만) 하퍼 수상에게서는 답장이 없었다고 한다.

《샬롯의 거미줄》을 쓴 E·B 화이트는 미국에서 아주 유명한 작가다. 그의 작품은 미국 교과서에도 실렸을 뿐만 아니라 고등학교를 졸업하는 아이들 손에 선물로 쥐어 주는 책이라 한다. 그러니까 한 번 읽고 마는 책이 아니라 평생 가까이 두고 읽고 또 읽어야 하는 책인 것이다. 어린이책을 공부하다 보면 제일 먼저 만나게 되는 다른 나라 책 가운데 한 권이기도 한데, 내가 어렸을 때 읽은 서양 동화책과는 확연히 그 주제가 달랐다. 18~19세기 다른 나라 책들이 어느 정도 제국주의 사상을 밑바탕에 깔고 있고 어린이책에도 힘의 논리가 그대로 깔려 있지만, 《샬롯의 거미줄》은 우선 그렇지가 않다.

이 책에서 내가 가장 좋아하는 첫 장면만 보아도 그렇다.

돼지 농장을 하는 펀의 아버지가 부실한 몸으로 태어난 윌버를 보고 부실한 돼지는 키워 봤자 사료값만 든다고 죽이려 하자 어린 딸 펀은 이야기한다. 내가 그렇게 부실하게 태어났어도 날 죽이려 했겠냐고. 어른들의 세계에서는 의문이 일어날 수 없어도 아이들 눈에는 이상한 일일 것이다. 힘이 약한 것이 어린이이고 어린이는 본성이 약한 것을 좋아하고 지키려 하니까.

《샬롯의 거미줄》을 보낼 때는 특별히 얀 마텔의 부인인 앨리스 카이퍼즈가 편지를 썼는데(그녀도 유명한 작가다) 그녀는 주인공 거미 샬롯이 돼지 윌버를 구하기 위해 생명을 다해 거미줄에 글을 쓰는 장면에 주목한다. 샬롯이 온 힘을 대해 "멋진 돼지" "대단한 돼지"라고 글을 쓰는 것의 의미를 말이다. 왜 샬롯은 목숨을 다해 글을 썼는가? 그 사람이 쓴 글이 곧 그 사람의 삶을 결정지을 수 있다는 것이며, 이것은 그 누구도 아닌 나 스스로 나를 구원할 수 있다는 말처럼 들린다. 글에는 분명 그런 힘이 있다. 샬롯은 윌버의 목숨을 구하기 위해 그렇게 글을 쓴다.

어린 시절에만 배울 수 있는 것이 있다. 힘이 센 것을 좋아하는 사람은 언제나 힘센 어른들이다. 정작 어린이들은 더 작은 것에, 더 약한 것에 관심이 가 있다. 나는 이것이야말로 정치가 필요한 이유, 정치인들이 알아야 할 세계라고 생각한다. 정치는 힘이 약한 사람들을 위해 필요한 것일 테니까. 그러니까 어렸을 때 읽고 배워야만 하는 것이다.

그리고 얀 마텔은 삶의 즐거움을 알려 주기 위해서 《괴물들이 사는 나라》를 보낸다고 썼다.

그리고 문학만이 할 수 있는 일

2016년 전 미국 대통령 부부 오바마와 미셸이 부활절 날 백악관에 어린이들을 초청해 그림책을 읽어 주었다. 그 책이 《괴물들이 사는 나라》였다. 그리고 언젠가 방송에서 손석희 아나운서가 또 이 책을 인용해서 많은 사람들을 놀라게 했다. 세계 곳곳에서 강성 극우파 지도자들이 인기를 모으고 있는 것에 대해, 아무리 현실이 싫다고 해도 세상을 이런 괴물들이 사는 나라로 만들 수야 없지 않겠느냐고 말했다. 괴물들이 사는 나라로 떠난 맥스는 엄마의 밥 냄새가 그리워 다시 돌아올 수 있었지만 우리의 현실은 한 번 괴물들이 사는 나라가 되면 돌이킬 수 없다는 말도 덧붙였다. 그리고 몇 달 후 정말 트럼프가 대통령이 되었고 그의 예언처럼 현실은 괴물들이 사는 나라가 되어 가고 있다.

나는 이 책을 어린이책을 연구하는 단체에서 처음 만났다. 1990년대 초부터 어린이도서연구회에서 활동하고 있었는데 어느 해 여름 연수 주제가 이 책을 읽고 토론하는 것이었다. 우리는 이 책이 아무 문제가 없다는 것을 혹은 문제가 있다는 것을 확인하고 싶어 했다. 어쩌면 우리에겐 문학이란 무엇인가 하는 근본 물음이 필요했는지도 모르겠다.
그런데 이상하게 문학에 대한 생각은 모으기가 어렵다. 그 가운데서도 어린이 문학. 세상 모든 것에 이해가 빠른 사람들이 왜 문학에는, 더구나 '어린이 문학'이 되면 표정이 달라지고 이중적인 태도가 되는지 모르겠다. 이 책도 그랬다. 물론 이 책이 처음 나온 1960년대 초에는 미국에서조차 도서관 사서들이 아이들에게 빌려주는 것을 망설였고, 엄마들의 항의도 끊이지 않았다고 한다. 그리고 30년이 훨씬 넘어 우리나라에서도 비슷한 논란이 되었다. 하지만 이미 미국에서 몇십 년 지나온 세월 속에 살아남았고, 이 책이 살아남은 것은 어른들의 의견이 아니라 어린이들의 선택이었다. 이미 《괴물들이 사는 나라》는 2000만 부 이상이 팔렸고, 미국에는 이 책의 작가인 모리스 샌닥 이름을 딴 초등학교까지 있다.

엄마가 소리쳤어. "이 괴물딱지 같은 녀석!"
맥스도 소리쳤지. "그럼, 내가 엄마를 잡아먹어 버릴 거야!"
그래서 엄마는 저녁밥도 안 주고 맥스를 방에 가둬 버렸대.

이 장면 때문일까? 사실 나에겐 익숙한 장면이다. 맥스는 늑대 옷을 입고 장난을 치더니, 포크를 들고 강아지를 찌르겠다고 달려간다. 나도 마음으로는 강아지를 찔러 버리고 싶을 때가 있었다. 맥스는 책을 밟고 올라가더니 벽에 못질을 한다. 맥스는 나쁜 녀석이다. "괴물딱지 같은 녀석"이라고 소리치는 엄마에게 주저 없이 맥스도 소리친다. "엄마를 잡아먹어 버릴 거야!"라고. 그러나 나는 소리치지 못했다. 아니 꿈도 꾸지 못했다. 그래선 안 된다. 그러니 마음껏 소리치는 맥스의 《괴물들이 사는 나라》가 필요한 것이다.

지금 맥스는 장난의 대가로 방에 갇혀서 꼼짝도 할 수 없다. 저녁밥도 없다. 배도 고프니 그런 아이가 할 수 있는 것은 울다 잠이 드는 일만 있는 줄 알았다. 그런데 맥스는 그때부터다. 맥스는 움직이기 시작한다.

모리스 샌닥은 1964년 칼데콧상 수상 소감에서 '어린이들은 날마다 두려움, 걱정과 같은 고통스러운 감정을 갖고 살아가고 있고 나름대로 그것을 이겨 내려고 노력하고 있다. 그런데 어른들은 그런 사실을 너무 무시한다'고 말했다. 맥스도 지금 두렵고 걱정스럽다. 어떻게 해야 할지 난감하다. 그리고 떠난다. '엄마 날 보고 괴물이라고 했지? 그래 난 괴물이야' 하며 엄마를 떠나 괴물들이 사는 나라로 간다.

이것처럼 큰 복수가 없다. 맥스는 엄마를 잡아먹겠다고 외

치며 인간관계마저 벗어나더니 자기의 공간과 시간을 벗어난다. 상상의 힘이다. 문학만이 할 수 있는 일이다. 얀 마텔은 아동문학의 근본적인 역할은 상상력을 마음껏 발휘하라고 격려하는 것이라고 말했다. 그러니까 모리스 샌닥은 맥스를 힘껏 격려하고 있는 것이다.

바로 그날 밤에 맥스의 방에선 나무와 풀이 자라기 시작했지.
나뭇가지가 천장까지 뻗쳤지. 이제 맥스의 방은 세상 전체가 되었어.

하루가 지나고 한 달, 두 달, 석 달이 지났어.
맥스는 꼬박 일 년쯤 항해한 끝에 괴물 나라에 도착했지.

'맥스의 방'이라는 현실의 공간은 나무와 풀이 점점 자라더니 마침내 세상 전체가 되었고 '그날 밤'이라는 시간은 하루, 한 달, 일 년이 되더니 마침내 돌아올 때는 시간을 초월하여 다시 그날 밤이 되는 마법을 부린다. 자기 방을 떠나 세상 전체로 떨쳐 나갈 때, 그날 밤을 출발하여 다시 그날 밤으로 되돌아올 수 있는 힘, 그리고 괴물들이 사는 나라에서 미친 듯이 호령하며 소리치고 놀다 다시 되돌아올 수 있는 힘. 이미 어른들은 잃어버린, 죽어도 갈 수 없는 세계일 것이다.

난 방에 갇히지 않아요.

날 가둘 수 없어요.

언제 힘이 생기나요?

난 갇힐 때 도망갈 때 힘이 생겨요.

맥스를 보며 나도 모르게 중얼거렸다. 누군가의 말처럼 어린이들이 현실을 이기는 힘이 바로 상상력이고 상상할 때 현실은 놀이가 된다. 얀 마텔은 하퍼 수상에게 《괴물들이 사는 나라》와 함께 보낸 편지에서 특별히 소리 내어 읽어 보라고 권했다. 그리고 오마바와 미쉘은 온몸으로 어린이들에게 이 책을 읽어 주었다. 괴물들처럼 손을 들고 눈을 뒤룩대며 말이다. 얀 마텔은 왜 수상에게 소리 내어 읽으라고 했을까? 내가 소리 내어 내 소리를 들을 때, 그때가 가장 정직한 순간일 것이다. 빼도 박도 못하는 순전한 순간. 맥스가 현실을 떠나 다른 세계로 떠날 때, 나도 다른 세계를 꿈꾸게 된다. 그러니 소리 내어 읽어야 한다.

맥스는 결코 착한 어린이가 아니다. 동물을 찌르고 엄마에게 욕을 하고 분이 차고 눈을 부라리고……. 그러나 자기 마음에 충실한 아이가 자라 남의 마음을 볼 수 있다고 믿는다. 비록 엄마 눈에는 괴물처럼 보이지만, 아이들에게는 괴물의 시기가 필요하다고 믿는다. 그래야 다른 세계를 꿈꿀 수 있는 것이라고.

다른 세계를 꿈꿀 수 있는 힘, 상상력. 맥스는 괴물들의 나라로 갈 수 있고 다른 시간으로 갈 수 있고 시간과 공간 무엇에도 자유롭다. 엄마를 잡아먹겠다고 큰소리쳤으니 인간관계조차 자유롭다. 그래야 새로운 세계를 꿈꿀 수 있고 보지 못하는 것을 볼 수 있다. 그것이 정치가의 가장 큰 덕목이 아닐까. 정치가에게 필요한 것은 눈앞의 현실, 수치로 말하는 세계가 다가 아니라 보이지 않는 것을 보고 꿈꾸는 능력이다.

그러나 보지 못하는 세상을 보고 꿈꾸는 눈이 필요한 사람이 어찌 각하뿐일까? 난 무엇으로 꿈을 꾸고 무엇으로 전망하고 무엇으로 통찰력을 얻을 수 있을까?

촛불 집회 때 대구의 한 소녀가 대통령에게 물었다.

대체 당신이 만들고 싶었던 나라는 어떤 나라입니까?
당신이 되고자 했던 대통령은 어떤 사람입니까?

시인과
애국자

시인과 여우

팀 마이어스 글
한성옥 그림
보림
2001

시인과 요술 조약돌

팀 마이어스 글
한성옥 그림
보림
2004

애국자가 없는 세상

이 세상 그 어느 나라에도
애국 애족자가 없다면
세상은 평화로울 것이다.

젊은이들은 나라를 위해
동족을 위해
총을 메고 전쟁터로 가지 않을 테고
대포도 안 만들 테고
탱크도 안 만들 테고

핵무기도 안 만들 테고

국방의 의무란 것도
군대훈련소 같은 데도 없을 테고
그래서
어머니들은 자식을 전쟁으로
잃지 않아도 될 테고

젊은이들은
꽃을 사랑하고
연인을 사랑하고
자연을 사랑하고
무지개를 사랑하고

이 세상 모든 젊은이들이
결코 애국자가 안 되면
더 많은 것을 아끼고
사랑하며 살 것이고

세상은 아름답고
따사로워질 것이다.

— 권정생, '애국자가 없는 세상'

우리 학교는 해마다 봄이면 국토 순례를 한다. 4박 5일을 꼬박 걷는다. 재작년엔 해남 바닷길을 따라, 작년엔 우리에게는 조금 낯선 진안고원을 숨이 차도록 올랐다. 그리고 올해는 5월 초에 옛 강경 포구를 지나 금강 길을 따라 부여 공주를 꼬박 내 두 발로 걸었다. 해질녘 금강을 지날 땐 윤슬 때문에, 그리고 서산 마애불 앞에선 삼존불에 비친 저녁 햇살 때문에 마음이 따끈해졌다. 권정생 선생님의 시 마지막 구절처럼 세상은 아름답고 난 따사로워졌다.

국토 순례를 마치고 내 자리로 돌아와 이 시를 읽는데 지난 4박 5일이 눈물겨웠다. 사실은 금강 길을 걸으며 나도 모르게 시 한 구절을 계속 중얼거렸는데, 내 속에는 잊은 줄 알았던 시가 살고 있었다. 시는 흐르는 강물 앞에서 살아 나오고 있었다. 내가 알고 있는 강을 노래한 시란 시는 다 살아 나왔다.

"흐르는 것이 물뿐이랴./ 우리가 저와 같아서/ 강변에 나가 삽을 씻으며/ 거기 슬픔도 퍼다 버린다./ 일이 끝나 저물어/ 스스로 깊어가는 강을 보며……."

나는 이게 어떤 시의 한 구절인지도 모른 채 계속 중얼거렸다. 내가 한때 사랑했던 저문 강, 울음이 타는 가을 강, 그리고 진뫼 마을과 섬진강…… 모두가 뒤섞여 흘러나왔다.
"강가에 앉아/ 저 강물 같은 자유를 배울 수는 없을까"
아이들과 함께 흐르는 금강 물살을 따라 걷는 내내 "저 강물 같은 자유를- 자유를- "이 시구절을 입에 달고 다녔다(나중에 알고 보니 '강물'이 아니라 '물살'이었지만). 시와 어울릴 것 같지 않은 남자아이들까지 쑥스러움이라곤 없었다. 지금도 생생하다.

이 세상에 전쟁이 없다면…… 우리 아이들이 정말 자연을 무지개를 사랑할 수 있을까? 아니면 우리 아이들이 달빛을 무지개를 노래하면 전쟁이 없어질까?

그런데 어디 전쟁이 나라와 나라 사이에만 있을까? 먹고사는 것은 물론 입시도 취업도 다 전쟁이 되었고 우리 반도 날마다 전쟁 중이었다. 난 겁도 없이 중2 담임이 되었고 날마다 전쟁 아닌 전쟁을 치르고 있었다. 내가 감히 1등 하는 법을 입에 달고 살고(1등은커녕 우등생 한 번 해 보지 못한 내가!!) 다음 날은 아름다운 상생을 이야기했다. 그리고 아이들 말이 거칠다고, 배려하지 않는다고 우리 반 금기어를 만든다 만다 하며 애를 쓰고, 또 다음 날에는 평화로운 세상을 외쳤다. 내 안에 이런 전쟁이 따로 없었다.

그러니 어찌 꽃을, 자연을, 무지개를 사랑할 수 있을까? 어찌 애국자 없는 세상을 만들 수 있을까?

가난한 시인과 여우

《시인과 여우》《시인과 요술 조약돌》은 일본의 하이쿠를 소재로 미국의 팀 마이어스가 글을 쓰고 우리 작가 한성옥이 그림을 그려서 만든 멋진 그림책이다.

바쇼는 17세기에 살았던 일본 최고의 하이쿠 작가인데, 팀 마이어스는 일본에 3년 동안 살면서 누구보다 바쇼를 사랑하게 되었다고 한다. '세상 어떤 것도 당연하게 받아들이지 말고 관찰하라'는 그의 가르침을 깊이 새겼다.

가난한 시인 바쇼와 여우가 처음부터 평생 친구였던 것은 아니다. 산속으로 이사 온 바쇼의 집 근처에는 버찌나무가 있었는데 바쇼는 버찌가 어찌나 맛있던지 혼자만 먹고 싶었나 보다. 사실 바쇼는 이러려고 후카가와 강 옆 숲속으로 들어온 건 아니었는데 말이다.

산속으로 이사 온 바쇼는

자기 먹을 것을 먹고,
자기 잘 만큼 자고,
자기 사는 대로 살면서,
자기 시를 썼지요.

분명 멋진 말 같은데…… 자기 자기 자기란 말이 네 번이나 나오고, "자기 먹을 것을 먹고" "자기 사는 대로 살면서" "자기 시를" 쓰면서 살았다니 나로서는 가늠이 안 되는 말이다. 무슨 뜻일까? 더구나 "자기 시"란 무엇일까? 자기 쓰고 싶은 대로 쓰는 것인지, 자기만의 것으로 만들었다는 것인지 어렵기만 하다.

아무도 없는 산속에서 자기 혼자 살면서 자기만으로 살면 문제 될 것이 없을 것이다. 처음 산속으로 이사 온 바쇼는 버찌가 자기 것인 줄 알고 자기만 먹으려 했다. 자기를 누리기 위해 아무도 없는 산속으로 들어왔으니 버찌를 혼자 먹으려 했던 건 어쩌면 당연한 행동이었는지도 모르고. 그런데 여우도 버찌가 먹고 싶다! 늦여름의 달콤한 버찌를 사이에 둔 시인과 여우.

혼자 버찌를 먹고 싶어 하는 시인을 놀리고 싶었던 여우는 바쇼에게 시를 지어 보라며 바쇼의 자존심을 건드리고, "위대한 시인" 바쇼는 멋진 시를 쓰기로 한다. 기회는 세 번. 물론 자신 있는 일이다. 시인 바쇼는 여우를 깜짝 놀래킬 생각을 하며 멋진 하이쿠를 지어 벚나무 아래 여우를 찾아간다. 그런데 가만히 시를 듣고 난 여우가 일어서더니 딱하다는 듯 하는 말.

"자네는 시인이라고 하기엔 아직 한참 멀었네!"

한 달이 흐른다. 쓰고 고치고 낱말을 바꾸고 더하고 빼고…… 더 이상 고칠 데가 없다. 그러나 이번에도 여우는 고개를 돌린다. 이제 바쇼는 마지막 세 번째 시를 쓰면서 어떤 시를 써야 할지 갈피를 잡을 수 없다. 어떻게 해야 여우의 마음에 드는 시를 쓸까? 바쇼는 여우만, 여우만, 여우만 생각하게 되었고 마침내 산꼭대기의 흰 눈이 여우 꼬리로 보일 지경이 된다. 그리고 이 여우 꼬리는 시가 되었다.

여름 달 위로
여우 꼬리 끝처럼
흰 산봉우리

바쇼는 이 시가 썩 마음에 들지 않았지만, 여우는 바쇼를 최고의 시인이라고 부르면서 버찌를 양보한다. 자기 먹을 것을 먹고 자기 잘 만큼 자고 자기 사는 대로 살면서 자기 시를 썼던 시인은, 이제 여우만 생각하다가 여우에 관한 시를 쓰고는 여우가 인정하는 숲속 최고의 시인이 된 것이다. 그리고 둘은 사이좋게 버찌를 나누어 먹는다.
《시인과 여우》에 이어 나온 《시인과 요술 조약돌》은 이제 버찌가 아니라 조약돌 이야기다. 어린 여우는 조약돌을 금이라 속이면서 시인 바쇼를 놀린다. 하지만 바쇼는 조약돌

이든 금이든 상관이 없었다. 숲속에서 혼자 사는데 돌이면 어떻고 금이면 어떤가? 바쇼는 조약돌로 멋진 시를 썼고 조약돌이 예쁘고 빛이 나서 좋기만 했다.

자기, 자기, 자기 삶을 살던 바쇼는 여우를 위한 시를 쓰다가, 마침내 돌멩이도 금으로 볼 줄 알고 금보다 시 한 편을 더 사랑하게 되었다. 바쇼는 이제 보는 것이 바뀌었다. 흰 눈이 덮인 산을 여우 꼬리로 보고 돌멩이도 오래 관찰하면 금으로 바꾸어 내는 시인이 된 것이다.

바쇼가 보는 것은 꽃이었고 무지개였고 친구 여우였다. 그리고 마침내 돌멩이도 금도, 그 모든 것들을 있는 그대로 보게 되었을 때 그것은 시가 되었다.

돌멩이를 돌멩이로
금덩이를 금덩이로
나를 나로 볼 때
너를 너로 볼 때
그대로 볼 때

누군가는 그대로 보는 것이 기도라 하더니(얼마나 어려우면!), 그대로 보는 것이 시라는 말일까? 다시 책장을 넘겨 바쇼가 시를 쓰는 장면으로 돌아가 보았다. 바쇼는 여우와 한 내기에서 이기기 위해 열심히 시를 쓴다. 방 안에서 쓰고, 책상 위에서 쓰고, 쓰고 쓰고 또 쓴다.

한 달 내내 바쇼는 옛 시를 읽고 새 시를 쓰면서, 여우가 깜짝 놀랄 만큼 아름답고 감동적인 시를 찾으려고 애를 썼습니다.

이래서 쓴 시가

자두 향 풍겨
산길 위로 일순간
솟는 아침 해

여우는 콧방귀도 뀌지 않는다. 다시 쓴다. 역시 여우는 고개를 돌린다. 마지막이다. 그런데 이번엔 너무 잘 쓰려다 보니 아무 시도 쓰지 못한 채 여우를 만나러 가게 되었다.

여우를 쳐다보고 커다랗고 하얀 달을 올려다보았습니다. 갑자기 머릿속에서, 마치 물이 흐르듯, 시 한 수가 흘러나왔습니다.

여름 달 위로
여우 꼬리 끝처럼
흰 산봉우리

마침내 여우는 감동한다. 아마 시에 '여우'가 나와서 그랬을 것이다.

깊은 산속에 산다고 시가 저절로 써지지는 않을 것이다. 앉아 있다고 마냥 써지는 것도 아닐뿐더러 고치고 고친다고 써지는 것도 아닐 것이다. 여우를 쳐다보고 달을 보는 순간 시가 흘러나왔다고 한다. 언제 시가 오는가?

바쇼가 사라지자 여우 시가 왔다. 자기가 사라지고 상대를 볼 때 시는 왔다. 그러니 먼저 보아야 하는가 보다. 보고 또 보아야 시인이 될 수 있는가 보다. 애국자 말고.

아이들이 모두 시인이 될 때

국토 순례에서 돌아와 주섬주섬 시를 찾아 읽었다. 국토 순례가 날 그렇게 만들었다. 흐르는 강물을 보고 흐르는 강물을 노래한 시를 찾아보았고, 금강을 따라 걷고 신동엽 생가에 다녀왔으니 신동엽 선생의 시를 읽었다. 나와 함께 국토 순례를 다녀온 우리 아이들도 그랬으면 좋겠다.

그런 세상은 언제 올까?

아이들이 모두 꽃을 보고 돌을 보고 흐르는 시냇물을 보고 그래서 아이들이 모두 시인이 되는 세상.

아이들이 모두 시인이 된다면 애국자는 사라질 것인데 애국자가 없는 세상은 언제 올까?

아이들이 밖으로 나가 자연을 그리고 세상을 볼 때 시가 나오는데, 오늘도 난 아이들과 누렇게 팬 보리를 보러 간다고 수선이다. 마을 담장 따라 핀 수레국화와 백일홍 그리고 함박꽃을 보러 간다고, 아니면 어딘가 들리는 새소리에 귀 기울여 본다.

마지막
수업

할머니가 남긴 선물

마거릿 와일드 글
론 브룩스 그림
시공주니어
1997

난 아이들에게 무슨 말이 하고 싶었을까?

이상하다. 그림책은 아이들이 읽는 책인데 이상하게도 할머니가 주인공인 그림책이 많다. 그것도 생각보다 훨씬 많다. 제목에 할머니가 들어간 그림책도 여러 권이고 할머니를 주제로 한 그림책도 셀 수 없이 많다. 요즘이야 그림책이 0세부터 100세까지 읽는 책이라는 인식이 보편화되어서 이상할 것까지야 없지만, 그래도 나는 이상하다.

《할머니의 여름휴가》《우당탕탕, 할머니 귀가 커졌어요》《할머니의 조각보》《바바야가 할머니》《힐드리드 할머니와 밤》《우리 동네 할머니》《엠마》《다시 그곳에》……. 어디 이것뿐인가?《책 읽기 좋아하는 할머니》《이름 짓기 좋아하는 할머니》《미스 럼피우스》《리디아의 정원》 등등.《엠마》는 할머니 이름이고 다른 이야기들도 할머니에서 시작되거나 할머니로 마무리되는 울림이 큰 할머니들의 이야기다. 할머니 이야기가 필요한 세상인 걸까?

내가 현실에서 만나는 할머니들과 다르게 그림책 주인공 할머니들에게는 다 이름이 있다. 저마다 이름이 만들어진 사연이 있고 그만큼 삶의 사연이 있는 것이다.

그림책 속 할머니는 대부분 혼자 살고 있다. 그래야 이야기는 시작된다. 외로운 할머니이기도 하고 자기 세계를 만들어 낸 할머니이기도 하다. 이제는 현실이기도 하지만. 위층에 새로 이사 온 가족들의 소리가 궁금해 귀가 커진《우당탕탕, 할머니 귀가 커졌어요》의 할머니도, 전 세계를 다니며 여행을 하고 고향으로 돌아온《미스 럼피우스》의 루핀 부인도, 고향 마을을 그리다 화가가 된《엠마》의 주인공 엠마 할머니도 모두 혼자 살고 있다. 우리 그림책《할머니의 여름휴가》도 혼자 사는 할머니의 멋진 여름휴가 이야기다.

그런데 혼자 살고 있지 않은 할머니가 있다. 할머니 돼지와 손녀 돼지 '둘이서' 살고 있는,《할머니가 남긴 선물》이야기다. 내가 7년간 다니던 학교를 그만둘 때 마지막 책 읽기 수업에서 아이들과 무슨 책을 함께 읽을까 고민했다.

난 무슨 이야기를 하고 싶을까? 내가 아이들에게 마지막으로 하고 싶은 이야기가 뭘까? 그때 읽어 준 책이 《할머니가 남긴 선물》이었다.

할머니 돼지와 손녀 돼지는 오래도록 함께 살았습니다.

부럽기만 하다. 할머니 돼지와 손녀 돼지가 오래도록 살았다고 하는 이 한마디가 참 새삼스럽다. 손녀와 함께 오랫동안 사는 일. 둘이서 오랫동안, 함께 살면 어떨까?

둘은 모든 일을 함께했습니다. 집안일도요.
날마다 날마다, 할머니 돼지가 난로를 청소하면 손녀 돼지는 장작을 팼습니다.
할머니가 먼지를 떨어내면 손녀는 마룻바닥을 쓸었지요.
손녀 돼지가 빨래를 내다 널면 할머니 돼지는 이불을 갰어요.

할머니와 손녀가 함께 살았다는 것은, 함께 먹을 것을 준비하고 잠자리를 준비하고 집 안을 정리하는 것이었다. 할머니가 난로를 청소하면 손녀는 장작을 패고, 손녀가 이불을 빨아 널면 할머니는 이불을 걷어 갰다. 아침은 손녀가 차리고 점심은 할머니가 준비한다. 할머니와 손녀는 이렇게 함께 일하고 함께 밥을 먹었다.

그러던 어느 날 할머니가 일어나지 못하는 아침이 온다. 마지막임을 알아차린 할머니는 '마지막 준비'를 한다. 이제까지 살았던 이 땅과 이별하기 위해서, 그리고 혼자 살아가야 할 손녀를 위해서 말이다. 먼저 도서관의 책을 반납하고 은행의 통장을 정리하고 외상값을 갚는다. 그리고 마지막으로 잔치를 하기로 한다. 할머니가 마지막 잔치를 하고 싶다는 말에 손녀는 할머니 입맛이 돌아온 줄 알고 기뻐하지만, 할머니가 하고 싶은 잔치는 먹고 마시는 잔치가 아니었다.

"밥을 먹고 싶은 게 아니란다. 마을을 천천히 거닐면서 나무와, 꽃과, 하늘을 이 눈으로 보며 즐기고 싶구나⋯⋯ 모든 것을 말이야!"

할머니가 하고 싶은 잔치는 마을을 천천히 거닐면서 바람과 햇빛을 즐기는 것이었다. 모든 것을 즐기는 잔치. 햇빛에 반짝이는 나뭇잎과 하늘에 모여 있는 구름을 보는 일, 비 올 때 나는 흙냄새와 비의 맛⋯⋯. 이제까지 함께해 준 자연을 보고 듣고 냄새 맡는 일, 자연을 맛보는 일이었다. 할머니의 떠날 준비는 이제까지 함께했던 것들과의 이별이고, 바람과 햇볕, 비의 맛, 구름 들과의 이별이었던 것이다. 처음 이 책을 읽었을 때 할머니가 남긴 이 선물들에 기가 막혔다. 할머니가 손녀와 오래 산 것도, 자연을 맛보며 마지막 순간을 맞이하는 모습도 모두 선물이었다. 오래 산 사람만이 줄 수 있는 선물. 햇빛을 구름을 내리는 비를, 보고 듣고 냄새 맡고…… 이렇게 온몸으로 자연 속에서 함께 사는 것. 책을 읽으면 읽을수록 선물이 자꾸 나온다. 그리고 할머니의 선물이 하나가 더 있다.

할머니와 손녀는 오래 함께 살았다고 했다. 그리고 모든 일을 함께했다고 했다. 할머니는 먹고 마시는 일, 자고 일어나는 일, 그 모두를 함께했다. 먹을 것을 준비하고 자리를 정리하면서 할머니는 손녀에게 무슨 이야기를 했을까? 아마 그전부터 내려온 지혜의 말들일 것이고 지혜는 일할 때 나오는 것이다. 함께 일하면서 배우는 일상과 살아갈 때 필요한 노동을 배우는 일이라니……. 할머니는 손녀에게 먹을 것과 입을 것을 챙겨 주는 대신에, 함께 먹을 것을 만들고 치웠으며 입을 것을 준비했다. 함께하는 시간은 할머니의 것을 그대로 남기는 시간이었고, 함께 살아가는 것 자체가 선물이었던 것이다.

일상을 함께하면서 할머니가 남긴 것이 얼마나 많았을까? 아마 손녀 돼지는 두고두고 알게 되겠지. 먹을 때 입을 때마다 떠오르겠지. 하루의 삶이란 먹고 마시고 내가 몸을 움직여 사는 삶이라는 것을. 이것을 안다면 두려울 게 없을 것이다. 그러니 함께 일한 시간이야말로 할머니가 손녀에게 남긴 선물이었다. 그리고 자연을 보면서 즐기면서 살라고, 자연을 보고 듣고 즐기는 법을 선물로 남겨 주었다. 자연과 함께하는 풍요로운 하루하루의 삶을 말이다.

난 이 책을 읽으면서 내가 아이들에게 하고 싶은 말이 무엇인지 알게 되었다. 내가 무엇을 받지 못해서 힘든지, 나 자신에게 남기고 싶은 선물이 무엇인지도 알게 되었다. 그리고 내가 할머니가 된다면 남기고 싶은 선물도 말이다.

수진이 속에 살고 있는 할머니

난 지금 학교를 그만두었다. 그만두기 며칠 전 중학교 때 담임을 했던 수진이에게 카톡이 왔다.

선생님, 오늘 진주에서도 별이 진짜 많이 보여요.

이게 끝이다. 그리고 며칠 후 비 온 다음에 '거대 무지개가 쫙!'이라고 또 카톡이 왔다. 무지개가 이쁘다도 아니고 그저 무지개가 쫙!이라고. 그래서 '별, 무지개 담엔 뭘까?'라고 답을 보내자 '그냥 별, 달, 무지개를 보면 선생님이 생각나요'라는 말.

별, 무지개…… 이런 걸 보면 내가 생각난다고 하니 조금 안심이 되었다. 난 이렇게 살고 싶었나 보다. 이런 세상을 함께 보며 살자고, 아니 내가 별을 보고 달을 보고 무지개를 보면서 살고 싶었던 거다. 함께 별을 보며 산다면 무엇이 두려울까.

수진이도 할머니하고 친하다. 맞벌이하는 부모님 대신 초등학교 들어가기 전에 잠깐 고성 할머니 집에서 살았다고 한다. 처음 입학했을 때 수진이의 이야기는 다 할머니 이야기에서 시작되었다. 수진이하고 친해진 것도 수진이가 들려주는 할머니 이야기 때문이었고, 난 할머니의 18번 노래도 알고 할머니가 잘하는 욕도 알고 있다. 수진이가 제일 가고 싶은 곳은 할머니 집이고 수진이가 내고 싶은 책도 할머니를 주제로 한 책이다. 수진이가 할머니 흉내를 내면 우린 모두 뒤로 넘어간다.

난 할머니 이야기를 많이 갖고 있는 사람을 좋아한다. 내가 그런 기억이 없어서 그런지 모르겠지만 할머니하고 친한 아이들이 부러웠다. 일찍 돌아가신 할머니와 시간을 갖지 못한 아쉬움이 컸고 엄마가 아닌 할머니 손에서 자란 아이들의 여유로움이 늘 부러웠다. 나에겐 없는, 어쩐지 할머니만이 전해 주는 감수성도 부러웠고 할머니들에게 배운

할머니랑 나랑

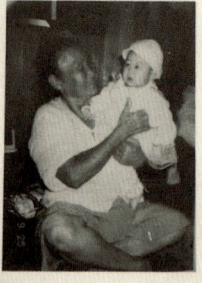

할머니들의 시선도 아쉽기만 했다. 무엇보다 할머니 이야기를 듣지 못한 것이 제일 아쉬웠다. 살아 계셨다면 어땠을까? 할머니 그들이 전해 주는 세상 이야기가 아쉽기만 하다.

지난봄 수업 시간에 일본의 오사다 히로시의 시에 이세 히데코가 그림을 그린 시 그림책 《첫 번째 질문》을 읽어 주고는 아이들과 이야기를 나눌 때였다.

> 천천히 저물어가는 서쪽 하늘에 기도한 적이 있나요?
> 몇 살 때의 자신을 좋아하나요?
> 이것만은 하지 않겠다고 다짐한 것이 있나요?
> (……)
> 인생의 재료는 무엇일까요?

아이들에게 천천히 읽어 주고 우린 시의 어느 부분이 좋았는지 이야기했다. 아니나 다를까, 수진이는 "몇 살 때의 자신을 좋아하나요?"가 마음에 든다며 더 생각해 보지도 않고 바로 할머니와 살던 그때라고 말했다.

우리 학교는 기숙학교라 2주에 한 번 집에 다녀온다. 금요일에 늦게 집에 도착하면 토요일 하루를 보내고 일요일이면 부랴부랴 다시 짐을 챙겨 나와야 한다. 수진이는 처음

학교에 입학했을 때 2주에 한 번씩 집에 가는 날 하루를 비워 진주에서 시외버스를 타고 고성 할머니 댁에 가곤 했다. 학교에서 진주 집에 가는데 한나절이고 그다음 날 진주에서 또 고성 할머니 댁에 다녀오는 것이다. 물론 1년, 2년 지나면서 찾아가는 날이 줄었지만 그래도 난 수진이가 신기해서 할머니 댁에 다녀왔느냐고 자꾸 물어보았다. 수진이는 그 귀한 시간에 어째서 할머니 집에 가는 것이고, 할머니하고 살던 그때가 인생의 황금기라는 것일까? 오죽했으면 수진이가 처음으로 만든 책이 할머니를 주제로 한 책이었을까만.

수진이에게는 할머니 냄새가 난다. 지혜로운 할머니의 목소리, 내가 생각하는 할머니의 모습이 있다. 몇 달째 학교에 새로 만드는 갤러리와 도서관 일을 하느라 정신이 없을 때였다. 오랜만에 만난 수진이가 말했다.

"선생님은 한 사람이 열일을 하시네요?"

무심히 던지는 수진이의 말에는 무언가 사람을 기분 좋게 하는 힘이 있다. 가끔은 나도 모르는 할머니처럼 어른 같은 말을 해서 웃지만, 그 한마디가 얼마나 위로가 되던지.

"수진아, 넌 이런 말을 어디서 배웠니?"

수진이 할머니와 손녀 수진이가 나눈 삶의 비밀이 있었을 것이다. 무엇을 하면서 이야기를 나눴을까? 수진이에게 할머니에 대해 물어보면 트로트 좋아하고 리어카를 끌고 다니며 밭일 죽어라 하시는 그저 평범한 할머니인데, 수진이 속에는 그 할머니가 살아 있고 온몸에 남아 있는 것이다. 어려운 순간에 크게 보는 눈을 가진 수진이 속에는 분명 할머니가 살고 있었다.

이렇게 삶은 이어진다

이제 손녀 돼지는 혼자 남았다. 청소도 혼자 해야 하고 밥도 혼자 먹어야 한다. 그래도 혼자 남은 손녀 돼지는 할머니에게 배운 대로 지금처럼 살지 않을까? 손녀 돼지의 삶으로 할머니가 이어질 것이다. 다만 이제는 나를 위해 스스로 밥을 차리고 도서관에서 책을 빌리고 저녁이면 지는 해를 보며 집으로 돌아올 것이다. 할머니가 남긴 선물을 온몸으로 받아서 말이다.

할머니 돼지는 마지막에 병원에 실려 가지도 않았고 요양원에서 아무도 없이 죽지 않았다. 천천히 걸어 보았고 사랑하는 사람과 따뜻하게 불어오는 바람 속에서 깊이 안아 보았고 마지막 의식을 치르고 잠이 들었다. 어떻게 하루하루를 살아야 이 세상에서의 마지막 날을 알아차릴 수 있을까? 우리는 죽어서 나 없이 장례식을 치르지만 할머니는 죽기 전에 멋진 장례식을 치른다. 스스로 주인공이 되어서,

이곳에서의 삶을 기억하는 마지막 의식을 말이다. 이것이야말로 우리가 부모에게 받고 싶은 선물이고 내가 남기고 싶은 선물이 아닐까?
〈월터 교수의 마지막 강의〉라는 영화가 있다. 하고 싶은 일이 있어 은퇴한 철학 교수는 마지막 수업을 마치고 돌아오는 길에 강도를 만난다. 그가 칼에 찔려 죽어가면서 부인에게 전해 달라고 했던 마지막 말은 "양배추를 심고 있을 때"였다. 부인은 바로 알아듣는다.
양배추를 심고 있을 때, 죽음이 날 찾아오길 바라는 시간. 죽음에 무심한 채 아직 할 일이 남아 있을 때 죽기를 바랐던 것이다(몽테뉴의 말이라고 한다). 죽어가는 교수의 손에는 금요일마다 부인에게 사다 주던 수국 한 송이가 들려 있었고, 그것이 마지막 꽃이 되었다. 월터는 늘 한결같은 삶을 살았고 하고 싶은 일을 남긴 채 죽었다. 할 일이 남아 있을 때 살 듯이 죽었다.
영화 마지막에 손자가 병실에서 할아버지 곁을 지키던 할머니를 모시고 나오며 이렇게 말한다.
"제가 가도 돼요?"
참 멋진 말이다. 이렇게 할아버지에서 손자로, 또 그다음 세대로 이어지겠지.
수진이에게 수진이 할머니가 있듯이 손녀 돼지에게 할머니 돼지는 살아 있다. 이렇게 삶은 이어진다. 물론 내 속에도 내 할머니들이 흐르고 있을 것이다. 아! 이제 수진이도 고3이 되었고 나도 학교를 그만두었고 수진이 할머니 이야기를 들을 수 없으니, 그것이 아쉬울 뿐이다.

선생님!
헨리들입니다

헨리는 피치버그까지 걸어서 가요

D.B. 존슨 글·그림
달리
2003

우리는 '헨리'

지난 일요일 카톡으로 사진 하나가 왔다. 올해 우리 학교를 졸업한 남자아이들이 제주도 여행을 한다고 한다. 그것도 자전거를 타고. 대학에 들어가 방학이 되면 제일 먼저 자전거 타고 제주도 일주를 하겠다고 하더니 정말 지금 제주도에 있는 것이다. 카톡 사진에는 '선생님! 헨리들입니다'라는 단 한 줄의 문장이 쓰여 있다. 무슨 말이 필요할까. 우리는 이 한 줄이면 다 통하는데. 여기서 헨리는《헨리는 피치버그까지 걸어서 가요》라는 그림책의 주인공 이름이다. 그러니까 자기들은 지금 그림책 속 헨리처럼 살고 있다는 말이었다. 헨리를 잊지 않은 것도, 헨리처럼 사는 것도, 잊지 않고 소식을 전해 온 것도 다 기쁘기만 하다. 선생 하는 맛이 난다. 자신들이 헨리들이라며 헨리처럼 산다니 걱정이 없다. 내 그럴 줄 알았다. 참 미더운 아이들이다. 지금도 한 명 한 명 선했던 아이들의 눈빛이 생각난다.

일찍 도착하려고 여행을 떠나지 않았다

헨리는 우리가 알고 있는 《월든》의 작가 헨리 데이비드 소로, 바로 그 헨리다. 혼자서 월든 호숫가에 통나무집을 짓고 살았던 헨리 말이다. 헨리 데이비드 소로가 《월든》에 쓴 통나무집을 짓는 과정은 《헨리는 혼자서 오두막을 지어요》라는 그림책이 되었고, 친구와 피치버그에 여행 가는 이야기가 《헨리는 피치버그까지 걸어서 가요》라는 그림책이 되었다. 또 우리나라에 번역되지는 않았지만 《HENRY WORKS(헨리는 일해요)》란 그림책은 헨리가 날마다 하는 '일'을 가지고 만들었다. 여기서 헨리가 하는 일이란 마을을 산책하는 것이고, 산책하면서 보고 듣고 한 일을 저녁에 일기로 쓰는 것이다. 그리고 월든 호숫가 밤의 이야기인 《HENRY'S NIGHT(헨리의 밤)》, 헨리가 산을 오르다 북쪽으로 도망가는 흑인에게 신발 한쪽을 주고 맨발로 산에서 내려오는 이야기는 《Henry Climbs a Mountain(헨리 산에 오르다》으로 만들어졌다. 이 이야기 속에는 그의 시민 불복종 사상이 담겨 있다.

이 다섯 권의 그림책은 헨리 데이비드 소로의 삶이 그대로 담긴 이야기들이다. 이런 이야기들이 그림책이 될 수 있었던 것은 헨리 데이비드 소로가 날마다 기록을 남겼기 때문이다. 그 기록은 바로 헨리의 하루하루 삶이었다.

어느 날, 헨리와 친구는 피치버그까지 여행을 하기로 한다. 여행의 목적은 시골 구경. 피치버그에 가는 까닭도 사실은 피치버그에 가면서 시골 구경을 하기 위해서다.

그런데 헨리와 친구가 피치버그까지 가는 방법은 아주 다르다. 친구는 일을 해서 돈을 벌어 기차를 타고 가고, 헨리는 걸어서 가기로 한다. 두 사람은 누가 먼저 도착하는지 내기를 하고 출발한다. 친구가 기차표 살 돈을 벌기 위해 청소를 하고 밀가루를 나르고 울타리 돌보는 일을 하는 동안, 헨리는 피치버그까지 48킬로미터를 꼬박 걸어서 간다. 가면서 돌담을 만나면 돌담 위를 걷고, 강을 만나면 뗏목을 만들어 강을 거슬러 오르고, 벌집을 건드려 보고, 새둥지를 찾고…… 그러다 보니 늦어지고 말았다. 물론 내기에서도 졌다. 헨리는 친구에게 딸기가 담긴 작은 통을 건네며 말한다.

"나는 딸기를 따느라 늦었어."

이뿐이다. 다만 시골 구경을 했다는 헨리. 아마 자신은 일찍 도착하려고 여행을 떠난 게 아니라는 말을 하고 싶었을 것이다.

'헨리'처럼 한 발 한 발

4~5년 동안 기숙학교에서 한솥밥을 먹고 자라 각자의 길을 찾아간 졸업생 아이들. 이렇게 대학에 들어가 방학하자마자 자기 몸을 움직여 길을 나아가고, 서로 어울려 자연을 만나고 있다. 세상은 지금 무엇 무엇을 위해 준비해야 할 시간이라고 발목을 잡지만 이 아이들은 약속대로 길을 떠났다. 누구 한 명 빠짐없이 함께 몸을 움직여 세상을 만나는 여행을 떠났다니 내가 다 고마운 마음이다.

이 아이들과 수업했던 하루하루가 생생하다. 이 아이들을 생각하면 수업 준비를 안 할 수가 없었다. 학생과 선생은 물론이고 학생과 학생, 서로를 성장시켜 주었던 아이들. 그리고 나와 했던 책 읽기 수업처럼 그들 인생 수업에서 곁에 있는 사람들에게 즐거움을 주면서 서로를 성장시켜 주고 있을 아이들. 한 명이라도 서운한 사람이 있었다면······. 한 명이라도 낙오자가 있었다면······. 서로의 약함과 원함을 알고 챙겨 주던 아이들. 그러면서 함께 나아가는 아이들, 이 아이들이 헨리들이다. 이 아이들에게 목적은 과정이

모여서 이루게 되는 것이지 결코 결과 그 자체가 아닐 것이다. 《헨리는 피치버그까지 걸어서 가요》를 읽고 이야기 나눌 때가 생각난다. 우린 이 책을 읽으면서 무엇을 하든 과정을 놓치지 않는 삶을 사는 것이 가장 큰 목적을 이루는 사람이며, 그런 사람을 '헨리'라 부르기로 약속했다. 헨리처럼 살자 했다. 그리고 이 아이들은 이렇게 헨리처럼 살고 있다.

선생님! 헨리들입니다.

또 다른 카톡이 온다. 바다에서 나라를 지키며 깊은 밤 외로워 시를 쓰다가, 또 이렇게 사는 것이 맞는지 회의가 든다며 보내온 이야기들. 내가 하던 일을 그만두고 새로운 일을 찾아 떠나려 할 때 "선생님, 삶은 떠나는 거라고, 그래서 어느 지평에든 서 보는 거"라며 그 언젠가 내가 옛이야기 그림책을 읽어 주며 했던 말을 이렇게 멋지게 되돌려주었다. 이제 내 차례다.
나도 헨리처럼 한 발 한 발 걷는다. 사는 데 목적도 중요하지만 목적보다 어떤 방법을 선택할지도 중요하니까.

"애들아, 나도 헨리처럼 살아 보려구."

이름들

어디서
왔는지
알 순 없지만

작은 발견
―――――
이보나 흐미엘레프스카 글·그림
사계절
2015

사람들은 묻지를 않아요

얼마 전 그림책 공부를 하는 모임에서 자기의 인생 그림책을 가지고 와서 이야기를 하자고 했다. 모임 전날 카톡방에는 "그런데 인생 그림책이 뭐죠?" 하는 질문이 올라왔고 다들 어려워했다. 인생 그림책? 인생이란 말이 문제였나 보다. 그냥 내가 좋아하는 그림책이라고 했으면 쉬웠을 텐데……. 그래도 다음 날 우리는 모두 가방에서 그림책 한 권씩 꺼내 책상 앞에 내려놓고 둘러앉았다. 모두 다른 그림책이었고 다른 이야기가 시작되었다.

마음 씀이 커서 늘 나를 꼼짝 못하게 하는 하 선생님은 《손

큰 할머니의 만두 만들기》가 옆에 있었고, 얼마 전 손녀를 본 이 선생님 옆에는 《만희네 집》이 있었다. 하 선생님은 옛날 학교 다닐 때 학교 앞 자취방에 선후배들을 불러 모아 걸지게 음식을 만들어 먹던 시절이 그립다며 그림책 이야기를 꺼냈다. 그런 시절이 또 올까 싶지만, 다시 한 번 손 큰 할머니처럼 음식을 만들어 사람들을 불러 모으고 싶다고 했다. 또 이 선생님은 《만희네 집》을 펼치고는 지금은 결혼해서 아기를 낳은 딸과 있었던 이야기를 해 주셨다. 딸이 어렸을 때 엄마가 들려주던 《만희네 집》을 아직도 그리워한다며 딸과 그림을 하나하나 보면서 함께 나눴던 이야기는 아직도 기억에 남아 있다고 하셨다. 그때 딸에게 그랬던 것처럼 우리에게도 그림책을 펼쳐 보여 주셨다. 그러고 보니 그림책 이야기는 없었다. 결국 그림책 이야기가 아니라 그림책이 만들어 준 행복한 기억들이었다.

어느새 우리들은 그동안 함께하며 한 번도 풀어내지 못했던 이야기를 이어갔고 그림책을 들고 있지만 그 속에는 행복했던 기억, 아픈 기억이 시작되더니 말 그대로 작은 인생 이야기가 모아졌다. 그림책 한 권으로 넉넉하게 이야기가 시작되었다.

사실 이야기의 시작은 어린이집 선생인 은영 씨였다. 은영 씨는 무슨 사연인지 늦은 나이에 하던 일을 그만두고 유아

교육 공부를 시작하면서 어린이집에서 일하고 있다고 했다. 아직 아이들을 가르치는 정교사는 아닌 것 같았고 여러 가지를 도와주고 있는 듯했다. 그런 은영 씨 이야기를 난 잘 모른다.

은영 씨는 이번 그림책 모임을 하면서 처음으로 그림책을 알게 되었다고 했다. 그림책을 처음 만났지만 앞으로 하게 될 일에 필요해서가 아니라 정말 그림책을 즐기는 듯 보였다. 그림책 때문에 행복해 보였다. 그것이 아마 그녀가 세상을 만나는 방식인 듯했고, 아마 그녀가 어린이집에서 그림책을 읽어 준다면 아이들은 그녀의 행복한 기운까지 다 전해 들을 것만 같았다. 그뿐 아니라 은영 씨는 그림책의 글과 그림에서 아무도 보지 못하는 것을 보기도 하고 아무도 듣지 못하는 것을 듣기도 했다. 그런 은영 씨가 들고 있는 그림책이 이보나 흐미엘레프스카의 《작은 발견》이었다.

"사람들은 내가 무슨 일을 하고 살았는지 묻지를 않더라구요. 사람들은 묻지를 않아요. 내가 무슨 일을 하고 살았는지……."

은영 씨는 마치 모노드라마 주인공처럼 누구하고도 눈을 맞추지 않은 채 나직이 떨리는 목소리로, 하지만 진정을 담아 이렇게 말하고 있었다.

"묻지를 않아요."

"묻지를 않아요."

그다음에 은영 씨가 무슨 말을 했는지 기억이 나지 않는다. 이 말을 듣고 난 다음부터 그만 은영 씨 이야기를 놓치고 말았다.

내가 무슨 일을 하면서 살았는지 알아?

나는 은영 씨가 말하는 그림책 이야기도 듣지 않고 그저 그 마음이 전해져 뭉클했다. 무엇인지 그대로 전해지고 있었다. 그리고 나도 나를 설명하려고 애썼던 순간들이 떠올랐다.

어디서 왔는지 알 순 없지만

집에 돌아와 《작은 발견》을 펼쳤다. 첫 장을 넘기니 면지에 실패 꾸러미가 나오고 그다음 장에는 실패에서 실이 풀려 나오고 있다. 한 장 한 장 넘길 때마다 실패에서 풀려 나간 실은 빨랫줄이 되었다가 운동화 줄이 되기도 하고 낚싯줄 그리고 사람을 구하는 생명 줄이 되어 자기 일을 하고 있었다. 그런데 그림책 첫 줄은 이렇게 시작되고 있었다.

"이들이 어디서 왔는지는 중요하지 않아요."

바로 은영 씨가 했던 말이었다. "내가 무슨 일을 했는지 묻지를 않아요"라는 말은 여기에서 시작된 것이었고 은영 씨는 이렇게 《작은 발견》의 주인공 작은 실패의 첫 마디를 자기 말로 만들어 낸 거였다. 그러면서 실패 꾸러미처럼 어디서 왔는지, 무슨 일을 했는지, 어디서 살았는지 사람들은 묻지 않지만, 그리 중요하지 않다는 자기 이야기를 시작한 것이었다. 그러니까 《작은 발견》의 주인공은 은영 씨였다. 그런데 내 귀엔 "중요하지 않아요"가 중요하지 않다는 말 그대로 들리지 않았다.

　옛날 물건을 파는 가게에서 이 실패를 찾았어요.
　누구도 낡은 실이 감긴 실패를 사 가지 않았어요.
　한때는 제 몫을 충분히 했을 거라는 걸 아무도 알아주지 않았답니다.

그래서 이 《작은 발견》 이야기가 시작되었다. 작가 이보나 흐미엘레프스카는 옛날 물건을 파는 가게에서 이 실패 꾸러미를 찾았다고 했는데, 작가는 첫 줄에서 "이들이 어디서 왔는지는 중요하지 않아요"라고 하면서 사실은 그들이 어디서 왔는지 무슨 일을 하며 살았는지 그림책 한 장 한 장마다 말해 주고 있었다. 지금은 누구도 찾지 않는 작은 실패지만 이들이 무슨 일을 했는지 어디서 왔는지 말이다. 그리고 그들이 얼마나 충분히 자기 몫을 했는지도 말하고 있었다. 이들이 한 일을 아무도 묻지 않았고 알아주지도 않았지만, 그렇다고 해서 없었던 일은 아닌 것이다. 이보나 흐미엘레프스카의 《작은 발견》 이야기다. 그래서 이렇게 난 이들이 한 일을 알게 되었고……
책을 덮고 은영 씨에게 카톡을 보냈다.

은영 씨, 은영 씨가 무슨 일을 하며 살았는지 난 궁금했어요? 이제야 묻습니다.

지난봄 은영 씨가 있는 어린이집에서 그림책 강의를 하게 되었다. 학부모를 위한 그림책 강의였는데 강의실 칠판에는 아기자기한 글씨가 써 있고, 앉은뱅이책상 위에 예쁜 꽃이 놓여 있었다. 종이접기로 소박하게 만든 꽃이었고, 강사 이름이며 강의 제목이 칠판에 보이락말락 작고 이쁘게 꾸며져 있었다.
"선생님 오신다고 해서 꾸며 봤어요."
은영 씨가 했다고 했다. 내가 오는 걸 환영한다고. 그러고 보니 그때 내 마음을 마음껏 전하지 못했던 것 같다. 작지만 정성스런 그 마음에 감동했는데, 쑥스러워 말 한마디 전하지 못했다. 카톡을 보내고 은영 씨가 어디서 왔을까, 하고 은영 씨 생각을 했다. 아니, 이미 어디서 왔는지 알 것 같았다. 지금 여기에서 일하고 있는 모습을 보면 말이다.
이렇게 난 은영 씨에게 《작은 발견》 이야기를 들었다. 그래서 나에게 실패는 실패가 되었고 은영 씨는 은영 씨가 되었다. 누가 묻지 않아도 은영 씨가 은영 씨인 것처럼, 그리고 실패가 실패인 것처럼 나도 내가 되고 싶었다.

누구도 묻지 않았지만

어디서 왔는지 알 수 없지만 실패가 있었다.
그 실패의 실은
빨래를 널 때 빨랫줄이 되었고
단추가 떨어졌을 때 실이 되었고
썰매 줄이 되었으며
장갑과 구두끈이 되었다.
구슬을 꿰는 목걸이 줄이 되기도 했고
머리를 묶는 머리끈이 되기도 했다.
어떤 대가를 바란 것도 아니고
누군가를 도울 때 더 많이 풀려 나갔으며
그런 뒤에는 한숨을 돌렸으며
이쯤에서는 저절로 풀려 나갔으니까.

그런데 실패가 어디서 왔는지 모른다고 했다. 나도 어디서 왔는지 모른다. 하지만 실패는 자기 자리에서 자기 일을 했다고 한다. 어떤 대가도 없이 살다 보니 점점 더 많은 일을 하게 되었고, 어느 순간 한숨을 돌렸고, 이쯤에서 저절로 풀려 나갔다고 말이다. 나도 그랬어야 했는데……. 나도 이제 한숨을 돌리고 내 삶이 저절로 풀려 나가길 바란다. 나도 작은 발견이 필요하다.

내가
나를
만날 때

겁쟁이 빌리

앤서니 브라운 글·그림
비룡소
2006

어제의 빌리, 오늘의 빌리

처음엔 같은 그림인 줄 알았다. 표지를 넘기자 똑같은 아이가 또 나왔다. 분명 같은 옷에 같은 아이, 그러니까 같은 그림인 줄 알았다.

어른인 난 그림을 잘 못 본다. 같은 책을 여러 번 읽고 나서야 알았다. 그림이 달랐다. 다른 빌리였다. 똑같은 옷에 똑같은 양말과 신발…… 그런데 분명 다른 빌리였다. 이야기를 시작하면서 나오는 빌리와 이야기가 끝날 때 나오는 빌리는 달랐다. 무슨 일이 있었을까?

책 표지의 빌리는 주머니에 손을 넣고 양말은 아무렇게나

흘러내리고 옷깃이 위로 좀 뻗쳐 나와 있다. 입꼬리가 올라간 것이며 눈썹이 초승달 모양인 것이 무슨 좋은 일이 있는 듯하다. 빌리는 지금 웃고 있다. 겉표지를 넘기고 속지를 넘기면 또 다른 빌리가 나오는데, 이 책의 주인공 빌리 이야기가 시작된다.

빌리의 신발은 윤이 나고 양말은 반듯하게 올라가 있으며 셔츠 깃은 단정하다. 꼭꼭 채워진 단추가 보인다. 그런데 단정한 옷과 달리 어깨는 구부정 쳐져 있고 눈썹도 입꼬리도 모두 내려가 있다. 그림자도 달라진다. 표지의 파란색 그림자와 다르게 두 번째 빌리는 어두운 회색 그림자다. 분명 같은 빌리인데 그림자까지 달라졌다니 그사이 무슨 일이 있었을 것이다. 제목은 《겁쟁이 빌리》지만 표지에 있는 빌리는 '당당한 빌리'다. 글 따로 그림 따로 이렇게 서로 다른 빌리라니 궁금하기만 하다.

수현이가 수현이를 만나게 될 때

빌리는 잠이 오지 않는다. 모자가 걱정이라고 했다. 신발도 걱정이고 하늘의 구름도 걱정이다. 비가 와도 걱정, 큰 새한테 잡혀갈까 또 걱정이다. 낮에는 괜찮지만 밤이 되어 침대에 누우면 그때부터 걱정이 시작된다. 혼자 자야 하는데 창밖은 어두워서 눈을 감을 수가 없다. 눈을 감으면 모든 것이 끝나는 것이 아니라 시작이다. 세상은 온통 어둡고 눈에 보이지 않으니 확실하지 않다. 걱정이 시작된다. 눈을 감자니 이렇게 깜깜하고 모두 미지의 세계가 된다.

수현이가 그랬다. 고2 아이가 고른 최고의 그림책이 《겁쟁이 빌리》였다. 그것도 내 인생 최고의 그림책을 고르라고 했는데 말이다. 다른 아이가 골랐다면 '너 장난하지 마!' 했을지도 모르겠다. 그런데 수현이라니.

수업 시간에 《겁쟁이 빌리》를 읽어 준 적이 있었다. 책을 읽기 시작하자 아이들이 웅성거리기 시작했다. 그 반의 웅성거림은 늘 앞자리에 앉은 남자아이들부터였는데 그날은 어쩐 일인지 뒷자리의 여자아이들로부터 시작되었다. 겁쟁이 빌리가 수현이를 닮았다는 것이다. 마침 맨 앞자리에 앉아 있던 수현이는 자기에게 쏠리는 시선이 부담스러웠는지 처음엔 부인을 했지만, 한 장 한 장 읽어갈수록 이젠 남학생들까지 모두들 '이거 수현이 아니냐'고 했다. 생긴 것도 수현이지만 생긴 게 문제가 아니란다. 성격이 더 수현이라고 했다.

수현이는 몸을 돌려 뒷자리 아이들에게 내가 왜 빌리냐는 듯 온몸으로 거부했다. 자기는 이렇게 겁쟁이가 아니라는 것이다. 하지만 아이들에게 이미 빌리는 수현이었다. 수현이의 걸음걸이와 옆모습 그리고 단정하고 깔끔한 외모, 더구나 빌리의 걱정거리에 열렬히 환호하고 공감했다. 늘 웃어 주는 빌리의 수줍음과 특히 손을 주머니에 넣으면 저절로 어깨가 구부정해지는 모습이 내가 봐도 딱 수현이었다.
전교생이 100명도 안 되는 중·고 통합 작은 학교에 한 학년에 한 반, 열 명이 조금 넘는 아이들이 5~6년은 한 교실에서 보내야 한다. 더구나 기숙학교다 보니 함께 먹고 자고 공부하는 생활 속에서 자신을 숨길 수 없는가 보다. 어쩌면 친구들이 나보다 나를 더 잘 알 수도 있다. 집을 떠난 공통의 경험이 서로를 위로해 주었고 세월 속에서 많은 사연을 함께하면서 가족 아닌 가족이 된다. 좋았다가 싫어지고 오해했다 풀면서, 말 그대로 산 넘고 물을 건너며 서로가 꼼짝할 수 없는 사이가 되는 것이다. 다 들키고 사는 것이 좋기도 하고 싫기도 한 일이며 정직한 것이 최고로 빠른 길이란 것도 알고 있다.
그날 자긴 빌리가 아니라고 강하게 부인하던 수현이가 《겁쟁이 빌리》를 자기 책으로 고르고 글을 썼을 때(물론 숙제였지만) 우리에게 알 수 없는 숙연함이 찾아왔다. 이미 수현이는 겁쟁이 빌리가 아니었다. 자기를 인정하는 일이 그렇다.

《겁쟁이 빌리》라는 책 제목을 보고 겉으로는 아니라고 했지만 속에서는 '너잖아!!' 하고 소리치고 있었다. 그리고 책을 읽으면 읽을수록 주인공 빌리는 나랑 많은 것이 닮아 있었다. 사실 내가 그런 줄도 몰랐는데 《겁쟁이 빌리》를 읽는데 바로 나인 것이다.

책 첫 장에 빌리라는 아이가 주머니에 손을 넣고 걱정이 많은 표정으로 하얀 배경에서 걸어가고 있다. 나도 주머니에 손을 넣고 허리는 굽히고 늘 고개를 숙이고 걷는다. 난 내가 키가 크고 말라서 이런 체형이 된 줄 알았다. 고개를 숙이고 어깨가 구부정한 것도 그저 다 내 키가 커서인 줄만 알았다. 그런데 빌리를 읽다 보니 빌리가 걱정이 많아서 눈치를 보고 눈치를 보면 온몸이 모아져 구부정해져서 그런 것이다. 걱정하다 머릿속이 하얘져서 아무 생각이 없어지는 나랑 너무 비슷했다.

그래도 빌리는 용기를 내어 할머니에게 걱정을 이야기했지만 나는 누구한테도 내 걱정을 말할 용기가 없었다. 아무에게도 말하지 못해서 그렇게 화를 내고, 거짓말을 했고, 가출을 했던 거다. 다 나를 숨기는 일이었다. 나는 나를 싫어했다. 그래서 나를 숨겼다. 마음속에는 항상 근심과 불안으로 가득 찼었던 거다. 그런데 남들이 모를 줄 알았는데 다 알고 있었다.

그런데 그렇게 겁쟁이이고, 늘 걱정뿐이던 내가 이제는 화를 내고 짜증을 자주 내는 사람이 되어 있었다. 왜 그런

지 모르겠다. 그냥이다. 날씨도 짜증 나고, 사람들도 싫어지고, 그런 내가 또 한심해지고, 그냥이다. 걱정이 짜증으로 바뀌었다. 이제 이 짜증이 무엇이 될까? 사춘기가 지났다고 생각했는데 그게 아니었나 보다. 왜 걱정이 화가 되고 짜증이 되었을까.

다 그때 풀지 못하고 가지고 있어서 그런 것 같다.
— 고2 수현이가 《겁쟁이 빌리》를 읽고 쓴 글

수현이가 글을 썼다. 자기 고백이었다. 늘 남의 눈치를 보던 수현이가 고학년이 되고 눈치 볼 사람이 없어지니 그 겁이 어느새 화로 변했다 했고, 아무 데나 화를 낼 수 없어서 짜증이 되었다고 했다. 감정이 제대로 표출되지 않아서 마음과 달리 엉뚱하게 변하는 게 싫다고도 했다. 그랬다. 수현이는 힘센 아이들에게 기대어 있었는데 어느새 고학년이 되자 늘 화가 나 있었다. 이젠 아무 때도 웃지 않았다.
자기는 빌리가 아니라고 부인하던 수현이가 '내가 빌리였구나' 고백하던 순간을 기억한다. 그 순간 이미 수현이는 겁쟁이 빌리가 아니었다. 수현이는 《겁쟁이 빌리》를 읽으며 자기를 보았다고 했다. 그런데 친구들이 모두 알고 있었다고, 그래서 모두 걱정했다고 하자 수현이는 도망치지 않았다. 껄껄껄 웃으며 자기가 그랬노라 했다.

난 이래서 그림책이 좋다. 그림책을 읽으면 자신을 만나는 순간이 있다. 나를 만나게 하는 그림 한 장이 있다. 이를 놓치지 않고 머물러 본다면, 그래서 자신을 밖으로 내놓는 순간 말할 수 없는 힘이 올라온다. 무엇보다 스스로 자기 인정에 이르게 되고 자기를 정확히 보게 된다. 수현이가 그랬다. 고개를 숙이고 걸어가는 빌리를 보면서 '내가 빌리였구나!'라고 고백하자 모든 게 선명해졌다. 그런 자신을 보는 순간 빠져나올 수 있다. 수현이는 뭐가 그렇게 두려웠을까? 분명 자신도 모르는 이야기가 숨어 있을 것이다.

나, 그리고 또 하나의 나인 수현이

그림책 강의를 할 때마다 꼭 나오는 이야기가 있다. 왜 아이들은 같은 책을 읽고 또 읽고 반복해서 읽기를 좋아하느냐는 질문이다. 새로운 책을 많이많이 읽으면 좋으련만…….

아이들과 도서관이나 서점에 가서 책 읽어 줄 테니 그림책 한 권 골라 오라고 하면 꼭 집에 있는 책, 한 번 읽었던 책, 알고 있거나 좋아하는 책을 가져온다. 도서관이나 서점에 가서도 제일 먼저 하는 일이 우리 집에 있는 책을 확인하는 것이다. 난 서점에 가서 우리 집에 있는 책을 확인하지 않는다. 새로 나온 책에 눈이 간다. 하지만 아이들은 익숙한 것이 좋은 것이다. 어른들이야 이게 불만이지만 아이들은 새로운 지식을 머릿속에 넣는 것보다 같은 책을 읽거나 보고 들을 때 무엇보다 안심이 되고 편안하다. 그리고 아이들의 책 읽기가 읽고 읽어서 다 아는 이야기 속에서 새로운 것을 발견하는 책 읽기가 될 때 상상력은 확대된다.

생각해 보면 아이들이 만나는 세상은 이미 충분히 날마다 새롭다. 날마다 새로운 사람을 만나고 새로운 환경에 새로운 것을 배워야 한다면……. 충분히 겁나는 세상이다. 그러니 책만이라도 예측 가능하고 알고 있는 내용을 확인할 때 훨씬 마음이 편안해지는 것이 어쩌면 자연스러운 게 아닐까. 잠이 드는 것도, 내일에 대한 확신도 다 확인되지 않았고 가 보지 않았으니, 살아 보지 않았으니 걱정거리투성인 것이다. 그러니 빌리가 겁쟁이가 될 수밖에 없다. 미리 피하고 미리 걱정을 해 두어야 충격이 적을 테니까.

빌리는 지금 이대로가 흐트러질까 봐 두렵다. 아이는 날마다 자라야 하고 그러자면 날마다 변화해야 하는데, 나도 세상도 달라지는 것이 불안하다. 밤이 오고 아침이 오는 것조차 그러하다. 하지만 달라지는 것이 성장이라면 꼭 필요한 과정이고 아이들은 이 과정이 필요하다. 그래서인지 그림책에는 밤이 무서운 아이들, 눈을 감고 잠자리에 들기 불안한 아이들을 위한 그림책이 많다. 《눈을 감아 봐》《어둠을 무서워하는 꼬마 박쥐》도 그런 책이다. 분명 어린이들이 겪어 내야 하는 시기이고 도움이 필요하다. 유아들을 위한 그림책 가운데 '밤이 지나면 아침이 오는' 이야기가 많은데, 아이들이 배워야 할 것 가운데 하나가 하루가 지나면 또 다른 하루가 온다는 사실이다. 어른들에게는 너무나 당연한 일이지만 아이들은 아침이 오지 않을까 두려운 것이다.

아빠와 엄마는 걱정하는 빌리를 도와주고 싶었고 도와주려고 애썼지만 빌리에게는 아무 도움이 되지 못했다. 그런 일은 절대 일어날 수 없다고, 상상일 뿐이라는 아빠의 말에도 빌리는 여전히 걱정이었다.

하지만 할머니는 달랐다.

할머니는 빌리의 걱정을 재미있는 상상이라고, 너만이 아니라 나도 너처럼 걱정을 많이 했다고 말해 준다. 나도 그랬어, 그러니 네가 바보 같아서 그런 게 아니라고 말이다. 할머니는 빌리의 걱정을 그대로 들어 주었다. 판단도 하지 않고, 해결해 주려고도 하지 않고, 그저 같은 마음이 되어 주었을 뿐이다. 그게 먼저였다. 그리고 할머니는 빌리에게 '걱정 인형' 친구를 소개해 준다.

빌리에게는 걱정 인형이라는 친구가 생겼지만 나에겐 친한 친구가 없다. 난 친구를 깊이 못 사귀고 두루두루, 나쁘게 말하면 대충대충 사귀어 왔다. 그리고 지금도 그런 상태다. 그래서 더욱더 걱정 많고, 화가 나고, 슬플 때나 기쁠 때나 지금껏 이래 왔다. 나 혼자 기뻐하고(함께 기뻐할 친구 한 명 없고) 짜증 내고 울고 마음을 제대로 나누지 못했다. 차라리 걱정 인형처럼 말 못 하는 나무나 돌멩이에게라도 이야기해 볼걸.

《겁쟁이 빌리》를 읽고 결국 나는 나한테 직접 물어보았다.

"수현아 너 왜 그러니? 네 마음은 어떤 거지?"

"너 잘하고 있는 거니?"

나는 또 하나의 나인 수현이와 대화를 해 보았다.

"다음 날 빌리는 좋은 생각을 해냈어요. (……) 그 후로 빌리는 걱정을 그다지 많이 하지 않았답니다."

나도 그렇게 될 수 있게 노력이라는 걸, 용기라는 걸 낼 차례다. 아니면 그냥 다 잊어버리든가. 내가 선택하고 내가 만들어가는 내 인생이니까. 나는 어떤 선택을 하게 될까?

― 고2 수현이가 《겁쟁이 빌리》를 읽고 쓴 글

늘 혼자였던 수현이가 자기와 대화를 했다고 했다. 마치 빌리가 걱정 인형에게 자기 마음을 다 풀어냈듯이 또 다른 자기에게 말이다. 그러니 걱정 인형은 자기 자신일 터이고 자기를 풀어내고 넘어가게 해 주는 것은 다름 아닌 스스로의 힘인 것이다. 스스로에게 물어보는 순간! 빌리도 수현이도 그리고 나에게도 필요했던 순간. 빌리는 걱정 인형에게 이야기를 하기 시작했고 수현이는 자기와 대화를 하기 시작했다. 자기를 이길 힘은 자기밖에 없다. 이제 내 차례다. 나는 무엇으로 나를 이길까?

사실 수현이를 보면서 내 모습을 본다. 빌리도 내 안에 있다. 수현이는 걱정이 화가 되고 짜증이 되었다고 했는데, 난 수현이나 빌리처럼 다 넘어가야 할 때 넘지 못하고 지금의 내가 되었다. 그 걱정이 쌓여 난 '아니오'라고 말해야 하는 때에 '아니오'라고 말하지 못했다. '아니오'라고 말할 때의 어려움이라니…… 힘들고 행복하지 못했다.

사표를 내고 싶었다. 마음과 다르게 하루하루 다녔고 한 해 한 해 넘겼다. 좋은 게 좋은 거였고 내 말을 듣는 것보다 남의 말을 듣는 것이 훨씬 편했고 이익이었다. 난 늘 이익을 좇았다. 나에겐 나를 거스를 힘이 없었다. 두려웠던 거다.

사표를 냈다. '아니오'라고 생각한 대로 말하자, "그렇게 하지 않는 편을 택하겠습니다"라고 말했던 필경사 바틀비가 생각났다. 그가 왜 그렇게 말했는지 알 것 같았다. 그렇게 말하는 순간 두려움이 사라졌다. 두려움을 넘자 비로소 나를 믿게 되었다.

수현이는 학교를 졸업했다. 자신과의 대화는 계속하고 있을까? 소식 없는 수현이가 미덥다. 큰 키에 여전히 구부정하지만 어깨를 펴고 조금은 흐트러진 채 걷고 있겠지. 아무 때나 웃지 않고 말이다. 이제 나만 '아니오'라고 말할 때 '아니오'라고 말하면서 살면 되겠다.

이름이
만들어 내는
세계

이름 짓기 좋아하는 할머니

신시아 라일런트 글
캐드린 브라운 그림
보물창고
2004

아무도 내 이름을 불러 주지 않는다면
내가 이름 부를 존재가 아무도 없다면

　이름을 갖는 것은 그로 인한 세계를 갖는 것이며 그 이름이 존재하거나 기억되는 한 그 세계는 불멸이라는 것, 그래서 이름은 존재의 가장 중요한 방식이다. 그래서 그러한가, 집이나 이름이나 같이 '짓다'라는 단어를 쓴다.
　— 승효상, 《보이지 않는 건축 움직이는 도시》

'이름'이란 단어는 아마도 동화책을 읽으면서부터 관심을 갖게 된 것 같다. 어쩌다 보니 주인공 이름으로만 된 제목의 동화책을 좋아하게 되었다. 나는 사람들과 함께 동화를 읽고 모여서 이야기를 나누곤 했는데, 언제가부터 주인공 이름 이야기를 하고 있었다. 이름만 가지고도 충분했다.
《박뛰엄이 노는 법》의 '뛰엄'이라는 말의 의미, 《네버랜드 미아》의 '미아', 《내 이름은 백석》의 '백석' 등등. 왜 주인공 이름이 뛰엄이고 미아이며 백석인가? 묻고 답하는 사이에 이야기가 풀리고 주제가 선명해졌다. 어느 작가도 책 제목과 주인공 이름을 허투루 짓지 않았다. 거기에는 작가가 하고 싶은 말이 담겨 있었다. 그러다 보니 난 동화책 이야기를 할 때면 책 제목에 대해서, 주인공 이름에 대해서 먼저 생각하게 되었고 글을 쓰게 되면 이 두 가지를 가지고 시작하고는 했다. 사실 이것이 그림책을 이해하는 가장 손쉬운 방법이다. 이름이라는 것이 그랬다.
작가가 주인공 이름을 고심해서 짓는 것만큼이나 고심해서 이름 지어 주기를 좋아하는 할머니가 있다. 신기하다. '이름' '짓다' '할머니' 모두 내가 관심 있는 단어들이다. 이 세 단어가 모여서 된 그림책이 《이름 짓기 좋아하는 할머니》다. 할머니는 너무 오래 살았다. 할머니를 아는 사람들은 이미 다 죽었고, 그러니 만나는 사람도 없으며 편지도 오지 않는다. 물론 전화도 오지 않는다. 아무도 이름을 불러 주지 않자 할머니도 그 누군가의 이름을 불러 줄 수 없게 되었다. 그래서 할머니는 이름도 없어졌다. 아무도 내 이름을 불러 주지 않고 나 또한 누군가의 이름을 불러 주지 않는 일……. 할머니는 외로웠고 이름을 부르고 싶어졌다. 그래서 집에 있는 물건들에 이름을 지어 주었다. 그리고 그 이름을 불러 주었다.

매일 아침 할머니는 로잰느에서 일어나, 프레드에 앉아 코코아를 마시고는, 베치를 몰고서 우체국으로 달려갔어요.

'할머니는 침대에서 일어나 의자에 앉아 코코아를 마시고는 차를 몰고……' 이렇게 사는 것보다는 훨씬 외롭지 않을 것 같고, 무엇보다 누군가와 함께 살고 있는 것 같다. 그러니까 할머니의 이름 짓기는 친구를 만드는 방법이었다. 집에 있는 물건들 하나하나에 이름을 지어 주자 이상한 일이 벌어진다. 이제 집에 있는 물건들 마음이 읽히고 그들의 마음이 궁금해진다.

그러던 어느 날 할머니 집에 강아지 한 마리가 찾아온다. 할머니는 한눈에 강아지가 배고픈 줄 알았고 강아지에게 먹을 것을 주었다. 다음 날도 그다음 날도 강아지는 찾아오고 할머니는 그때마다 먹을 것을 내주었다. 하지만 강아지를 집으로 데리고 들어오지는 않았다. 이름 짓기 좋아하는 할머니였지만 강아지는 이름도 지어 주지 않았다. 할머니의 이름 짓기에는 몇 가지 조건이 있는 것이다. 할머니보다 일찍 죽거나 사라져선 안 된다. 더 이상 이별을 하고 싶지 않았기 때문이다.

이제 할머니와 관계했던 많은 사람들이 이 세상에 없다……. 나를 아는 사람이 없는 세상, 그래서 이름을 불러 줄 사람 없이 이름도 잃어버리고 나 혼자 남아 살아 있는 일은 괜찮을까? 나를 아는 사람 하나 없는 세상에서 살아야 하는 것은 어떤 삶일까?

그래도 이름을 지어 주는 할머니는 씩씩하기만 하다. 낡았지만 멋진 자가용에는 '베치'라 이름을 지어 주고 낡은 의자에는 '프레드' 그리고 오래오래 살아온 집에는 '프랭클린'이라고 이름을 지어 주었다. 아마 그 옛날 함께했던 친구들 이름일 것이다. 이름을 지어 주면서 그들에게 말을 걸고 그들의 생각을 헤아려 주었다. 그러자 그것들은 할머니와 친구가 되었다. 그런데 다 튼튼한 물건들뿐이다. 괜찮을까? 물론 괜찮지 않을 것이다.

이름이 만들어 내는 세계

며칠 동안 개가 찾아오지 않자(그사이 강아지는 개가 되었다) 할머니는 안절부절이다. 개가 궁금하다. 또 며칠이 지나자 이제 개가 걱정되기 시작했고 마음이 떠나지 않았다. 기다리다 못한 할머니는 떠돌이 개 사육장에 전화를 걸어 본다. 하지만 사육사가 찾고 있는 개의 이름을 묻자 할머니는 대답할 말이 없다. 개는 이름이 없었다. 할머니가 불러 줄 이름이 없었다.

　어디에 있건 그 개는 날마다 할머니네 집 문가에 찾아오게 마련이었고,
　할머니는 개에게 먹이를 주고는 어서 돌아가라고 이르게 되어 있었다는 것을,
　날마다 그렇게 똑같은 일이 있었다는 사실을 아무도 모를 게 뻔했어요.
　순둥이 갈색 개는 목걸이도 없고, 이름도 없었어요.
　그러니 할머니와 개 사이의 일을 아무도 모르는 게 당연했지요.

강아지는 날마다 할머니네 집 문가에 찾아왔고, 할머니는 강아지에게 날마다 먹을 것을 주었고, 어느 날 강아지가 찾아오지 않자 할머니는 날마다 강아지를 생각하기 시작했다. 그랬는데 이런 모든 일들이 아무도 모르는 일이 되어

있다니…….
그동안 할머니와 강아지 사이에 있었던 많은 일들이 아무것도 아닌 일이 되었다. 이름이 없다는 것이 그랬다. 이름이 없으면 아무 관계도 아닌 것이다. 역시 "이름을 갖는 것은 그로 인한 세계를 갖는 것이며 그 이름이 존재하거나 기억되는 한 그 세계는 불멸"하는 것이다. 강아지의 이름을 모르는 할머니와 강아지는 아무 사이도 아닌 것이다. 이름을 묻는 떠돌이 개 사육사에게 강아지의 이름을 말할 수 없었던 할머니는 그대로 자동차 '베치'를 몰고 달린다. 다시 개 사육사가 개의 이름을 묻는다.

할머니는 잠시 머뭇거렸어요.
할머니는 자신보다 먼저 세상을 떠난 모든 친구들을 떠올렸어요. 그러자 다정하게 웃는 친구들의 얼굴이 하나하나 떠올랐습니다. 사랑스런 친구들의 이름도 모두모두 생각났습니다. 그리고 이렇게 좋은 친구들을 사귀었던 게 얼마나 큰 행운이었는지 깨달았습니다. 할머니는 자신 있게 말했습니다.

"우리 개 이름은 '러키'랍니다! '행운'이라는 뜻이 담긴 이름이죠."

지금은 볼 수 없지만 친구들과 함께했던 그 시간들이 얼마나 행운이었는지 깨달았다. 그들의 이름 하나하나가 떠올랐다. 이름이 있다면 그 이름이 만들어 내는 세계가 있고, 그 이름을 불러 주면서 그 존재는 살아나는 것이다. (물론 사라져 보이지 않더라도.) 또다시 이별이 두려워 관계를 시작하고 싶지 않았지만 이제 알게 되었다. 이름을 불러 주며 서로 사귀었던 그 시간들이 행운이었음을 말이다.
그리고 이름 없는 개는 '러키'가 되었다.
사육사가 이름을 묻자 할머니는 세상을 먼저 떠난 친구들이 떠올랐다고 한다. 얼굴도 이름도…… 그러니 사라진 것이 아니라 이렇게 기억하면서 함께하는 것이었다. 이걸 몰랐다. 그래서 강아지 이름을 짓는 것을 망설였는데 그게 아니었다. 할머니가 할 일이었다. 이제 강아지 이름은 '러키'가 되었고 이름을 지어 주는 할머니의 삶은 과거에도 그리고 앞으로도 행운일 것이다.

명명(命名)이란 이름을 부여하는 행위입니다. 고은 시인의 말씀 중에 들었던 건데, 이름(名)에는 저녁 석(夕) 자 밑에 입 구(口) 자가 놓여 있습니다. 이름은 환하고 밝은 상태에서는 별로 사용되지 않는 것입니다. 눈짓, 손짓, 발짓 따위로 통하는 곳에서는 없어도 되는 것처럼 느껴지기까지 합니다.

그러나 해가 기울고 저녁이 되면 동네 아이들의 목청이 높아집니다. 친구들의 이름을 부르는 소리로 마을 어귀가 가득 차지요. 이렇게 어두울 때, 명백히 존재하는 것이 어둠 속에서 보이지 않을 때, 김춘수의 시에 '처음에는 하나의 몸짓에 지나지 않았던 것이 내가 꽃이라 불러 주니 내게로 와서 꽃이 되었다' 하는 것처럼 누군가의 명명에 의해서 의미를 되찾습니다.

— 김형수,《삶은 언제 예술이 되는가》

처음 강아지가 찾아왔을 때 할머니는 강아지가 배가 고프다는 것을 알았다. 할머니들은 누가 배가 고픈지 귀신같이 안다. 그래서 할머니들이 제일 많이 하는 말이 "밥은?"인 것이다. 이렇게 밥을 챙겨 주면서도 집 안으로 들이지 않고 이름을 지어 주지 않은 것은 강아지가 일찍 죽는 것이 두려워서였다. 온 마음이 강아지에게 가 있으면서도 말이다.
할머니의 두려움은 이별이다. 더 이상 이별은 싫고 그래서 의자, 침대, 자동차같은 익숙한 물건들에 이름을 지어 주고 친구처럼 살뜰히 챙겨 준다. 하나같이 할머니 구역 안에 있는 식구들이며 불편하지 않은 존재들이다. 살아 있는 것이 아니니, 죽을 일도 없고 이별도 없고 이별이 싫은 할머니에게 딱 좋은 친구들이다. 예측 가능하고 안전한 친구들.

하지만 강아지는 할머니 집 안의 물건들과 다르게 할머니 집 밖에서 왔다. 할머니 집 밖의 세상에서.

이름을 불러 주는 일, 그리고

난 47년을 서울에서 살았다. 그리고 대전에 내려온 지 8년이다. 내려올 때 서울에 두고 오는 것이 너무 많았다. 서울 구석구석이 익숙했다. 책 사는 곳, 옷 사는 곳, 머리 하는 곳…… 내가 만들어 낸 단골들은 어쩌지. 무엇보다 친구들이 다 서울에 살았다. 친구들을 두고 오는 것은 다시 사는 것만큼 두려운 일이었다. 일 년간 마음의 준비를 하고 내려온 나에게 더 이상 새로운 친구는 없었다. 마흔일곱에 새로운 친구라니…… 낯설었다.

대전에서의 8년. 난 이제 서울에 자주 가지 않는다. 대전을 떠날 것이라는 생각은 서울을 떠날 때만큼 큰일이다. 그런데 뜻밖에도 지난 8년 대전 생활에서 가장 행복했던 일은 새로운 친구를 사귄 일이다. 새로 문을 연 대안학교에서 함께 아이들을 만나면서 어려운 시간을 함께했던 동료 교사는 친구가 되었다. 시골에서 자라 시골에서 살고 있는 친구는 나에게 선생님과 같은 존재였고 가장 힘든 일 앞에서 제일 먼저 생각나는 친구가 되었다. 마흔일곱 살은 친구를 사귀는 나이가 아니라는 내 생각은 잘못된 것이었다. 또 다른 곳으로 가더라도 나는 새로운 친구를 사귈 것이다. 아마 늙어 죽는 순간까지 말이다. 이제야 알았다.
할머니도 이제야 알았다. 강아지가 사라진 다음에야 강아지가 친구였음을. 다만 강아지는 이름을 짓는 데 시간이 오래 걸린 친구다. 친구는 이렇게 어느 날 내 삶으로 걸어 들어오는 것이다. 진짜는 안에 없다. 밖에 있다. 강아지처럼.
함께 그림책을 읽는 모임에서 친구가 말했다.
"할머니는 울타리, 그러니까 경계선 너머 안과 밖의 경계를 벗어나고 싶지 않았던 거겠지."
그러면서 우리들 누구나 눈감고 싶은 현실이 있고 그때 가장 좋은 방법이 회피하는 것이라고 말했다. 가장 쉽기 때문에 많은 사람들이 이 방법으로 살아가는 것이라고. 할머니뿐만 아니라 그래서 나도 행복하지 않았던 것이다.
할머니는 달려간다. 할머니의 인생이 친구들 덕분에 행운이었음을 알고 강아지에게 멋진 이름을 지어 준다. 작가는 책 앞에서 이 책을 '이름'들에게 바치고 있다. 어디 이름이 이름일 뿐일까만은 이름 그 자체로도 충분하다. 이제 할머니는 더 열심히 이름을 지어 주며 살아갈 것이다. 그러는 한 할머니는 늙었으나 늙지 않을 것이다. 할머니 옆에는 아름다운 세상을 함께 살아가는 소중한 이름들이 있으니까.
이렇게 이름 짓고, 서로 이름을 불러 주는 그 과정이 삶인가 보다. 기꺼이 내 안의 두려움을 만나며 말이다. 두려움을 만나지 않겠다는 것은 살았으나 죽은 것이다. 난 지금 어떤지 모르겠다.

지혜로운 내 친구가 말했다. 인생은 수천 강아지와의 만남이라고. 그리고 강아지는 만나게 되어 있다고.

길을
떠나야
한다

미스 럼피우스

바버러 쿠니 글·그림
시공주니어
1996

리디아의 정원

사라 스튜어트 글
데이비드 스몰 그림
시공주니어
1998

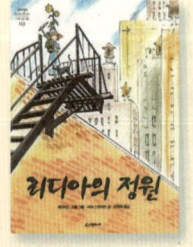

소녀들은 이야기를 들었다

그림책 강의를 종종 한다. 시작은 늘 그림책 몇 권을 읽어 주는 것이다. 좋은 그림책을 읽어 주고 그 그림책 이야기를 하다 보면 강의 들어가는 시간을 놓쳐 버리기도 하지만 그것도 좋다. 좋은 그림책이 주는 힘, 난 그 힘을 믿고 먼저 그림책을 천천히 읽어 준다. 그러면 충분하다. 그래서 강의를 준비할 때 이번에는 무슨 그림책을 읽어 줄까, 하는 것이 가장 큰 고민이다. 그날에 가장 알맞은 책을 고르는 일 말이다.

이번에도 무슨 그림책을 읽어 줄까 고민하다가 마침 얼마 전 손녀를 본 할아버지 할머니가 강의에 온다는 이야기에 《미스 럼피우스》와 《리디아의 정원》 두 권을 얼른 골랐다. 이런 기회가 온다면 할머니들과 할아버지들에게 읽어드리고 싶었던 책이다. 두 권 다 어린 소녀가 주인공이지만 이들 뒤에는 할머니 할아버지가 있기 때문이다. 난 무엇보다 할머니 할아버지에 대해 이야기하고 싶었다.
《미스 럼피우스》의 주인공 앨리스는 밤마다 할아버지 무릎에 앉아서 이야기를 듣는다. 먼 나라에서 이민 온 할아버지는 낮이면 손녀와 함께 그림을 그리고 밤이면 손녀에게 이야기를 들려준다. 아마도 할아버지가 떠나온 머나먼 세상 이야기일 것이다.
《리디아의 정원》 표지를 넘기면 밭에서 일하며 이야기하는 할머니와 손녀가 나온다. 손녀가 할머니에게 토마토를 보여 주고 있다. 할머니와 손녀는 일하면서 이야기를 나누곤 했을 것이다. 지금은 무슨 이야기를 나누고 있을까?
두 권 다 할머니 할아버지와 이야기를 주고받는 손녀들의 이야기로 시작된다.

　할아버지 이야기가 끝나면 앨리스는 "나도 어른이 되면 아주 먼 곳에 가 볼 거예요. 할머니가 되면 바닷가에 와서 살 거고요" 했대요.

할아버지는 "그래, 아주 좋은 생각이다, 애야. 그런데 네가 해야 할 일이 한 가지 더 있구나" 했어요.

앨리스는 "그게 뭔데요?" 하고 물었지요.

할아버지는 "세상을 좀 더 아름답게 만드는 일이지" 했어요.

앨리스는 자라 다른 도시로 가서 일하게 되었고 전 세계로 여행을 다닌다. 그리고 할머니가 되어 바닷가 집에서 살게 되었다. 떠나고, 돌아다니고, 다시 돌아오고……. 앨리스의 꿈은 어디에서 시작되었을까? 아마도 밤마다 할아버지가 들려준 다른 나라 이야기를 들으면서 꿈을 꾸었을 것이다. 더구나 할아버지는 꼬마 앨리스에게 꿈 하나를 더 갖게 하는데, 바로 세상을 좀 더 아름답게 만드는 일이었다.

세상을 아름답게!라니…….

난 아직 한 번도 그 누구에게서도 세상을 아름답게 하는 사람이 되라는 말을 들어 본 일이 없다. 세상을 좀 더 아름답게 하는 꿈이라니, 누가 할 수 있는 말일까? 어느 할아버지가 어린 손녀에게 세상을 좀 더 아름답게 만드는 일을 하라고 할까? 아마도 모험 가득한 인생을 살아 낸 할아버지만이 할 수 있는 이야기일 것이다. 그리고 그 이야기를 들으면서 앨리스의 꿈이 시작되었다.

난 누구와 어떤 이야기를 하며 자랐을까? 어떤 이야기를 듣고 자랐을까? 그걸 생각해 볼 새도 없이 누군가에게 이야기를 들려주어야 할 때가 되었다. 난 지금 어떤 이야기를 들려주는 어른이 되어 가고 있을까?

소녀들 길을 떠나다

리디아는 이제 도시로 떠나야 한다. 아버지가 오랫동안 일자리를 구하지 못하고 엄마에게 옷을 지어 달라는 사람이 없어 형편이 어려워지자 도시에 있는 외삼촌 집에서 살게 된 것이다. 할머니는 도시로 떠나는 손녀의 가방을 챙겨 주고 기차역에서는 무릎을 꿇고 어린 손녀와 눈맞추며 배웅을 해 준다. 할머니는 지금 또 무슨 이야기를 들려주고 있을까?

손녀가 도시로 떠나도 할머니의 이야기는 이어진다. 할머니와 리디아는 편지로 이야기를 계속 주고받는데 그 이야기가 바로 《리디아의 정원》이다. 리디아가 도시에서의 하루하루를 글로 써서 편지를 보내면, 할머니는 새싹을 담아 보내고 크리스마스 선물로 꽃씨 카탈로그를 보내 준다. 봄에는 수선화 알뿌리와 고향의 흙도 보내 준다. 리디아가 집을 떠나는 날 가방 속에 꽃씨를 챙겨 주었음은 물론이다. 리디아는 깨진 컵이나 찌그러진 케이크 팬에다 꽃씨를 심는다.

"4월에 단비가 내리면 5월에는 꽃이 만발하지" 하고 말씀하시는 할머니 목소리가 들리는 듯합니다. (……)

저는 엄마, 아빠, 할머니께서 저에게 가르쳐 주신 아름다움을 다 담아내려고 노력했습니다.

할머니가 보내 준 꽃씨와 흙으로 리디아는 컴컴한 도시에서 꽃을 피우기 시작한다. 꽃이 피어나자 이번엔 아무도 오르지 않는 옥상에 아름다운 정원을 만들기 시작한다. 리디아는 이렇게 도시에서 꽃을 피워 '아름다움'을 다 담아내고 있는 것이다. 할머니에게 배운 것이다. 할머니가 편지와 함께 보냈던 수선화 알뿌리와 흙, 새싹 들은 단순히 새싹과 흙이 아니라 아름다움을 피워 내는 생명이었던 것이다. 리디아가 생명을 피워 내자 삭막한 도시가 생명으로 바뀌고 어두운 도시는 빛이 나기 시작한다. 이제 사람들은 리디아를 '정원사'라 부른다.

가만히, 할머니와 손녀가 꽃밭이며 채소를 가꾸면서 무슨 이야기를 나눴을지 상상해 본다. 그것은 단지 채소와 꽃을 길러 낸 이야기가 아니라 그 속에 담긴 생명의 신비와 자연의 섭리를 경험하는 일이었을 것이다. 심고 가꾸고 거두어들인다. 우리도 태어나고 자라고 떠난다. 그런 자연의 이치를 따라 리디아는 어린 나이에 떠날 수 있었던 게 아닐까?

무엇보다 할머니와 함께 일하면서 생명을 길러 낸 자신을 믿었을 것이다. 그래서 떠날 수 있었던 거라 생각한다. 리디아가 할머니에게 배운 것들이자 내가 배우지 못한 것들이다. 그래서 난 이 소녀들처럼 길을 떠나 보지 못했다.

소녀들 자기 이름을 만들다

앨리스는 자라서 바닷가 마을을 떠나 도시에 있는 도서관에서 일하게 되었다. 앨리스가 꿈꾸던 일이다. 그사이 꼬마 앨리스는 '미스 럼피우스'가 되었고 사람들은 이제 앨리스를 미스 럼피우스라고 부른다. 시간이 더 흘러 미스 럼피우스는 도서관의 책 대신 전 세계를 여행하며 진짜 사람들과 만났고, 나이가 들어서는 고향에 돌아와 바닷가에 살게 되었다. 할머니가 되어 고향에 돌아온 미스 럼피우스는 "세상을 아름답게 만드는 일"을 하라던 할아버지와의 약속을 기억해 낸다.

돌아온 고향 마을은 이미 아름다웠지만, 럼피우스는 세상을 좀 더 아름답게 하려고 루핀 꽃씨를 뿌리기 시작한다. 날마다 여기저기 다니며 루핀 꽃씨를 뿌리는 모습이 사람들 눈에는 미친 여자로 보인다. 그래도 덕분에 세상은 온통 루핀 꽃밭이 되었다. 세상은 좀 더 아름다워진 것이다. 사람들은 이제 럼피우스를 '루핀 부인'이라고 부른다.

그리고 아무도 찾지 않았던 옥상이 아름다운 정원이 되고 어두컴컴한 건물이 빛이 환한 건물로 바뀌자 사람들은 리디아를 리디아라 부르지 않고 '정원사'로 부른다. 리디아는 할머니의 말씀처럼 아름다움을 담아내는 정원사가 되어 집으로 돌아온다. 떠난 곳 자기 자리로 말이다. 《리디아의 정원》 원래 제목이 '정원사(The Gardener)'인 까닭이다. 아마 리디아는 또 다른 이름을 만들어 내고 있을 것이다.

앨리스는 할아버지와 약속한 아름다운 세상을 만들다 '루핀 부인'이 되었고, 리디아는 할머니가 가르쳐 주신 아름다움을 담아내려다 '정원사'가 되었다. 앨리스와 리디아 모두 누구에게 받은 이름이 아니라 불리고 싶은 자기 이름을 만들어 냈다. 이렇게 이름이란 말에는 이르고 싶은 그 사람의 바람이 담겨 있다.

자기 이름을 만들어 낸 리디아와 앨리스 두 소녀의 뒤에는 이야기를 들려준 할머니와 할아버지가 있었다. 앨리스는 고향에 돌아와 루핀 부인이 되었고 이제 파파 할머니가 되어 마을의 아이들에게 꿈을 물어봐 준다. 그 옛날 자신의 할아버지처럼 말이다. 또 어디에 가든 꽃을 심고 가꾸면서 리디아는 어느덧 사람들 마음까지도 가꾸어 낸다. 글을 읽지 못하던 엠마 아줌마에게 글을 가르쳐 주었고 웃을 줄 모르던 외삼촌을 웃게 했다. 리디아는 씨앗뿐만 아니라 사람들이 이 세상에 태어날 때 가지고 온 본마음을 피워 냈다. 마치 어둠 속에 있는 씨앗을 틔워 꽃을 피우고 빛이 되게 하듯이 리디아가 가는 곳마다 어둠은 빛이 되고 생명은 피어난다. 리디아에게는 그런 힘이 있다. 리디아의 이름은 정원사니까……. 이 모든 것이 할머니에게서 왔고 할머니와 함께 일을 하면서 이야기를 나눴기 때문일 것이다.
그리고 길을 떠났기 때문이다. 길을 떠난 두 소녀가 부러웠다. 앨리스도 길을 떠나고 리디아도 떠났다. 이제 나만 떠나면 된다.

태어난 이유

쌀 씻는 소리가
들리던 그 담

담
지경애 글·그림
반달
2014

내가 넘어가지 못했던 그 '담'

일하던 곳에서 그림책 갤러리를 만들게 되었다. 갤러리 첫 전시 작품을 무엇으로 할까 고민을 많이 했다. 갤러리 문을 여는 날에는 전시된 작품의 작가를 초대하고 싶었다. 그림책 한 권에 담긴 그 많은 이야기를 듣고 싶었다. 이미 그림책 한 권은 누구를 위해서가 아니라 작가 스스로 최선을 다하는 자기완성을 의미한다. 난 그림책과 작가를 그렇게 이해한다. 그 과정을 듣고 싶었다. 고민 끝에 우리가 첫 전시 작품으로 고른 그림책은 《담》이었다. 원화도 보고 싶었지만, 지경애 작가를 초대해 이야기를 충분히 듣고 싶었다.

《담》을 읽어 주면 누구 하나 좋아하지 않는 사람이 없었다. 누군 깊은 숨을 쉬었고 누군 조용히 눈을 감았다. 모두 어른들이란 게 문제라면 문제였지만 이미 그림책은 어른 아이 구분이 없다고 하니 괜찮다고 스스로 위로했다. 그림책 갤러리라는 이름에 걸맞게 우선 어린이들이 좋아하는 그림을 전시하고 싶었지만 쉬운 일이 아니었다. 어린이들이 좋아하는 그림을 알아보는 안목도 어려웠고 그 그림을 구하는 일도 만만치가 않았다. 그러다 보니 사실은 내가 좋아하는 그림책《담》이 갤러리의 첫 주인이 된 것이다.
이 그림책이 나온 지 얼마 되지 않아 친구에게 전화가 왔다.《담》이라는 그림책 보았느냐고.
"그래. 담을 너무 말갛게 그렸지? 나한테 담은 따뜻하지만은 않았어. 그렇다고……."
나는 아쉬움에 말끝을 흐렸다.
"무채색이 말하고 있잖아, 그 담을……. 난 그래서 쓸쓸하던데."
친구가 말한다. 다시《담》을 펼쳤다.
내가 살던 삼양동 꼭대기 우리 집 담이 생각나 아쉬워 말은 그렇게 했지만, 그 시절 나와 함께했던 고양이도 날아가던 새도 담을 타고 오르던 담쟁이도 없었지만, 담장 안으로 들어가니 그대로 우리 집이 있었다.

담이 있었다.

그러고 보니 친구의 말처럼 쓸쓸해졌다. 그리고 내가 가지고 있던 기억들이 그 담의 낙서들처럼 하나둘 떠오르기 시작했다. 담은 내 책상 위에 며칠이고 있었고 그즈음 막내동생이 놀러 왔다. 마당에 상추 같은 것들을 심고 들어온 동생 앞에 《담》을 펼쳤다. 한 장 한 장 넘기면서 읽어 주었다. 내가 읽어 줄 테니 넌 그림 좀 보라고.

담은,
내 손 꼬옥 잡아 주는 친구
숨바꼭질 놀이터
쓱쓱쓱 한바탕 장난 글씨
레미파 레미파 노래하는 손가락.
담은,
속닥속닥 말놀이

"이쁘다…… 삼양동이네."
"어, 삼양동이야! 그치?"
동생은 어느 한 장에서 잠시 머물다가 책을 가져가 이제 흙 묻은 제 손으로 책장을 넘기며 말한다. 그러고는 또 "이쁘다" 하고는 "나네 나야" 하더니, "나도 이렇게 보호받고 싶었는데…… 아니지, 난 보호받았는데…… 이거 기억이 생생하다" 한다. 그러고는 한 장면에 머무는가 싶더니 책을 덮으면서 혼잣말을 한다.
"이렇게 따뜻하지만은 않았는데…… 이렇게 따뜻하지만은 않았어도 참 좋네."
동생은 그래도 좋았다고 말했다. 그 시절이 좋았다는 것인지 그림책이 좋았다는 것인지 더 물어보지는 못했지만, 동생과 나는 다른 동네에 살았던 것처럼, 다른 담 아래 살았던 것처럼 어쩌면 이렇게도 내 기억하고 다른지 모르겠다. 동생이 가고 나서 다시 《담》을 펼쳤다. 무엇에 걸려 이렇게 담을 넘어가지 못하고 있는 것인지 그 시절 기억이 풀리질 않는다. 내게 담은 동생처럼 참 이쁘지만은 않았다.

그 담장 안으로, 쓰러질 듯한 그 집 안으로

담은,
속닥속닥 말놀이
지친 날개 쉬어 가는 쉼터
우리 엄마 기다리는 등대.
아, 쌀 씻는 소리.
엄마다!
언제 오셨을까…….

소리 따라 담장 안으로 들어간다. 그리고 쌀 씻는 소리에 멈춘다. 그래, 그때 나도 분명히 들었지. 그 담 아래서 쌀 씻는 소리를. 그리고 쌀 씻은 물이 졸졸졸 흘러가는 소리. 그 쌀 씻은 물이 흘러가던 소리.

부랴부랴 짐을 싸서 도망치듯 빠져나와 이사를 간 곳이 삼양동 맨 꼭대기 집이었다. 다니던 학교에서 강남에 있는 집을 가려면 삼양시장을 거쳐야 했고, 나는 버스 뒷자석에 앉아 그 시커먼 굴속처럼 어두컴컴한 시장이며 산동네로 오르는 시장길을 고개를 쑥 빼어 보곤 했다. 그냥 구경이었다. 나와는 상관없는 곳으로 보았다. 그런데 당장 이사를 가야 했고 어디서 힘이 났던지 삼양동 맨 꼭대기에 집을 계약하고 짐을 옮겼다. 지금 생각해 보니 그곳에서 좀 오래 살았으면 어땠을까 싶다. 이사를 간 날부터 내려올 생각뿐이었던 것 같다.

그래도 쓰러질 듯한 그 집이 좋았다. 마음이 평화로웠다. 아니 속이 편했다. 너무 오랜만에 아마 철들고 처음인 듯했다. 집 때문에 마음이 조마조마한 삶이었다. 내가 살던 강남은 개발로 하루가 다르게 변하며 난리가 났는데 삼양동은 몇 년 후에 읽었던 《장석조네 사람들》에서 김소진 작가가 그려 내는 그 동네 그대로였다. 소설 속 그대로, 김소진이 살았던 60~70년대 그대로인 듯해서 위안이 되었다. 그

삼양동이 그 삼양동이었다.

우리 집 위로는 '절집'이라고 하는 굿당이 있었는데 겨울을 빼고는 숲에 가려 보이지 않았다. 소리만 들릴 뿐이었다. 겨울이면 나무가 다 떨어져 산속이 훤히 보였고 굿이 있는 날이면 꽹과리 소리며 장고 소리가 한나절 내내 울렸다. 그런 날이면 동네 아이들은 울긋불긋한 사탕을 물고 다녔고, 이 절집의 두 아들은 시끄러운 집을 나와 골목길을 배회했다. 골목길을 배회하던 아이들의 꿈은 가스 배달부였다. 그 시절 오토바이를 마음껏 탈 수 있는 사람은 가스 배달부뿐이었다. 삼양동 언덕길을 자유롭게 날아다니던 가스 배달부와 오토바이! 겨울이면 헐벗은 산의 나무, 아침이면 까만 비닐봉지가 뒹굴고 있었다.

그리고 그다음이 우리 집이고 우리 집과 아랫집 사이에는 곧 쓰러질 듯 위태로운 담이 있었다. 담을 그렇게 만났다. 그 담은 금도 가고 기울기도 했는데 용케도 버티고 있었다. 조금만 힘을 줬다면 무너졌을 담이다. 그 담을 함께 쓰고 있던 아랫집 이름이 '40가구'였다. 처음 이사를 갔는데 아랫동네 사람들이 그 집을 '40가구'라 했다. 방이 40개라고 이름이 40가구였다는데 방 하나에 부엌 하나, 어김없이 한 가족이 살고 있다 했다.

어느 날 난 쓰러질 듯한 그 담에 기대어 정말 방이 40개인지 세어 보기로 했다. 한 담장 안에 40명도 아니고 40가족이 살고 있는지 궁금했다. 하나, 둘, 셋, 하나, 둘, 셋, 넷…… 세다가 비슷비슷한 문이 헷갈려 다시 세고 다시 세다가 또 헷갈렸다. 그러던 어느 날 한쪽에 우르르 가스통이 모여 있는 것이 보였다. 가스통마다 줄 하나에 방 하나가 복잡하게 연결되어 있었다. 방 하나에 부엌 하나 그리고 가스 줄…… 40개가 맞았다.

우리 집 담 하나를 두고 40가구라는 현실이 있었다. 하지만 40가구란 이름이 주는 그리고 실제 40가구가 만들어 내는 소란스러움은 어디에도 없었다. 도리어 40가구는 고요했다. 겨울은 겨울대로 여름은 여름대로 언제 나가고 언제 들어오는지 보이지도 들리지도 않았다. 마치 한집 같았다.

그런데 하루 종일 조용하던 40가구가 하루에 한 번 소란스러운 시간이 있었는데, 8시 30분 연속극이 끝나고 밤 9시 뉴스가 시작될 무렵이다. 멀리서 웅성거리는 소리가 들리고 점점 소리가 다가온다. 무언가 날아가겠지? 그러면 곧 떨어지고 깨지고 소리치는 소리에 악다구니가 이어졌다. 하지만 9시 뉴스가 끝나기도 전에 끝난다. 저 아래 골목부터 사이렌 소리가 울리고 백차라고 하는 경찰차가 와야 끝이 났다. 그리고 곧 조용해진다. 이웃들은 소리가 났다 하면 싸움을 빨리 끝내려고 시장 옆 파출소에 전화를 걸어 백

차를 올라오게 했다.

어찌 된 일인지 40가구 남자들은 낮에 집에 있었다. 하루 종일 어둡던 방에 조용히 있던 그들은 해가 기울고 어스름해지면 하나둘 밖으로 나왔고, 얼마 못 가 몇몇 아버지들이 돌아가며 경찰차를 부를 일을 만들고는 했다.

그사이 네다섯 시쯤이면 이번엔 골목길을 올라오는 발걸음 소리가 들리는데, 아침에 일 나갔던 엄마들이 언덕을 올라오는 소리다. 아랫동네 시장에서 저녁 찬거리를 사서 까만 비닐봉지를 손에 들고 언덕을 올라와 방으로 들어갈 틈도 없이 가방을 뚝, 부엌 바닥에 던져 놓고 공동 수돗가로 나와 쌀을 씻었다.

  아, 쌀 씻는 소리.
  엄마다!
  언제 오셨을까…….
  두 눈 반짝이며 기다렸는데.

내게 그 쌀 씻는 소리는 들리지 않았고 하수도를 따라 흘러가는 물소리가 들렸다. 엄마들은 앉지도 못하고 선 채로 구부정 엎드려 수돗가에서 쌀을 씻어 밥을 안치고서야 한 칸 방으로 들어간다.

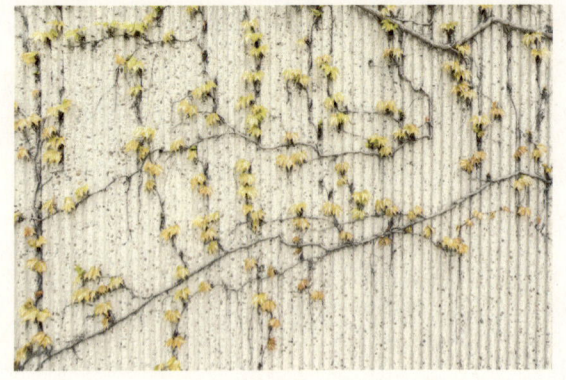

담은…

담은, 마당을 안고

신발을 안고,

뽀뽀뽀뽀……

뽀글뽁 뿌글뽁…….

뽀글뽀글 뿌글뿌글…….

밥 먹자!

우리를 모두 안아 이야기를 들려준다.

오래된 옛날이야기,

엄마 어렸을 때 이야기,

내가 태어난 이야기…….

그러고도 담은,

쏟아지는 별들, 밤새 안아 준다.

하지만 별이 쏟아지기 전에, '밥 먹자' 소리에 밥상에 모여 밥을 다 먹기도 전에, 따뜻한 저녁과 그다음 이야기가 흘러나오기도 전에 어느 집에선가 상이 엎어지고 그릇이 날아가고 그리고 백차가 올라오는 것이다. 오늘은 누구네 아버지가 저 차에 실려 시장통 파출소에서 밤을 새우고 나올까? 그래서 다음 날 아침 누구네 집 딸내미가 가출을 하게 될까?

40가구의 어디쯤, 방 한 칸에 두 딸과 할머니와 아버지가 살고 있는 집이 있었다. 엄마는 아주 오래전에 가출을 했다 했고 큰딸도 집을 나가 인천에 있는 공장에 있다고 했다. 며느리가 가출을 하면서 꼬부랑 할머니가 시골에서 올라왔고, 밤이면 경찰을 오게 하는 아버지 그리고 두 딸이 살았다. 나와 겨우겨우 친해진 6학년 둘째 딸은 엄마를 대신해 초등학교 입학하는 날 동생 혜진이를 데리고 학교에 갔다. 그런 아이가 중학교에 들어가고 얼마 되지 않아 사라졌다. 그 봄 미아전철역 화장실에서 사복으로 갈아입고 뒤도 돌아보지 않고 어디론가 총총히 걸어가는 걸 본 지 얼마 안 되었을 때였다. 겨울 햇빛 내리던 담에 동생을 몰아세우고 챙기던 아이는 동생을 두고 어디론가 가 버렸다. 키가 너무 작아 입학식 날 가방이 커서 자꾸 뒤로 넘어가던 꼬맹이 혜진이. 그 꼬맹이 혜진이는 그날 기대었던 담장을 어떻게 기억하고 있을까?

다시, 담에 기대어

담은 안아 주고 놀아 주는
놀이터고 쉼터라 한다.
새도
고양이도

담쟁이도 화분도 모두모두.

그리고 엄마를 기다리는 등대이고…….

우리 모두의 이야기를 들려주는 담은

담쟁이의 집이고 고양이의 놀이터고 새들의 쉼터라 한다.

처음 그림책 《담》을 읽고는 속이 상하고 말았다. 누군가의 집이고 놀이터고 쉼터라 했는데, 그리고 엄마 기다리는 등대라 했는데…… 내 기억 속의 담은 집도 놀이터도 쉼터도, 더구나 등대가 아니었기에. 말갛고 푸른 담 위 화분에 담긴 꽃들이 너무 이뻐서만이 아니었다. 분명 그 담은 내가 살았던 그 집 그 담이었고 미아리 삼양동 골짜기가 맞는 것 같은데 난 무엇 때문에 속이 상하고 마음이 짠했던 것일까?

마당 수돗가를 지나 신발을 벗어 두고 방으로 들어가니 가족사진이 보인다. 담벼락 낙서 속의 그 엄마가 있고 주인공 오빠가 언니가 있다. 어느 날 용케도 다 모여 가족사진을 찍었나 보다. 그다음 장에는 시간과 공간을 뛰어넘어 아마 지금 어른이 된 주인공 가족사진인 듯 사진 한 장이 또 걸려 있다.

내 기억과 동생의 기억이 다르듯 저 가족사진을 찍던 날 언니 오빠와 동생의 기억이 다를 것이다. 큰오빤 삐딱하고 작은오빠는 두 손을 주머니에 넣고 있다. 그리고 아버지가 없다. 다만 미루어 짐작해 본다. 삐딱한 오빠의 모습이 얼마나 안심이 되는지 모르겠다. 다 말하고 있는 듯하다. 아마 우리 자매처럼 저 남매도 다른 기억을 가지고 있겠지. 내겐 아직도 기억하고 있는 39개의 이야기가 남아 있다.
우리 집은 일 년 만에 그 동네를 내려왔다. 더 살았어야 했는데…… 그랬더라면 지금 내 기억이 조금 달라졌을지도 모르는데 말이다.
건너뛴 주인공의 가족사진처럼 지금 내가 살고 있는 집 담도 기울고 금이 나 있다. 그 기울어진 담을 사이로 목포댁 할머니 집이 있다. 할머니 집은 일 년에 두 번 정도 시끄럽고 내내 조용하다. 겨울엔 춥고 어둡다. 밤에도 불을 켜지 않는다. 할머니는 춥지도 어둡지도 않다고 하신다. 목포댁 할머니 집 안 골목으로 집이 한 채 있는데 역시 할머니 혼자다. 우리 집 골목을 마주하고 있는 집도 할머니 혼자, 이어 붙은 임대주택에도 할머니가 혼자 살고 있다.
이 골목길 할머니들은 한겨울을 빼고는 날마다 골목에 나와 있다. 할머니들은 모두 내 편이다. 불법주차로 내 차에 딱지가 붙을 때 막아 주셨고 밤늦게 주차 자리를 살피고 챙겨 주신다.
지금 난 할머니들과 같은 골목을 같은 하늘을 그리고 같은 감나무를 날마다 보고 살아간다. 그 옛날 담에 기대어 40가구의 방 하나하나를 세고 세었는데 이제 혼자 사는 할머니들과 살아간다. 내가 《담》이 아쉬운 것은 그림책 《담》이 아니라 그때 내 삶이 아쉬워서였을 것이다. 오랜 바람 끝에 마당 하나 보고 이사를 왔으니까. 낡은 집들이 모인 골목길에 할머니들이 모여 서로 남편의 제삿날을 기억하며 때론 무심하게 때론 정답게 살고 있다.

이젠 해외에 나갔을 때 신기한 맛이나 비싼 초콜릿을 보면 골목길 할머니들이 생각난다. 신기한 맛을 알려드리고 싶다. 금이 가고 기울어가는 담을 사이에 두고 살고 있지만, 할머니들과 남길 기억조차 없는 삶이지만, 그래도 지켜드리고 싶은 할머니들이다. 언젠가 그림 그리는 제자를 불러 담에 소박한 그림을 그리고 싶다.

이 낡은 집으로 이사 온 까닭은 마당을 꽃밭으로 가꾸고 싶어서였는데 꽃밭은 벌써 몇 년째 그대로다. 올봄에는 꼭 꽃씨를 뿌려야지. 아쉬움 없이, 내 기억을 만들면서…….

아버지와 딸
그리고
　　엄마들

조개맨들
───
신혜은 글
조은영 그림
시공주니어
2015

마침내 아버지만 남았다

읽는 내내 주인공 영재가 부러웠다. 여덟 살 어린 나이에 전쟁으로 아버지를 잃고 평생 아버지 기억으로 살았을 영재는 어디 가고 난 그저 영재와 영재 아버지의 그 짧았던 시간들이 부럽기만 했다. 다른 생각들이 올라오기 전에 영재 아버지의 다정함에 눈물이 났고 이 눈물이 나도 당황스러웠다.

난 분명 책을 잘못 읽고 있었다. 질투라니……. 하지만 분명한 질투였다. 이 책을 이렇게 읽어도 되나 싶었다. 아버지와 딸이 사이좋은 게 질투가 나서 울다니, 더구나 전쟁으로 아버지를 잃은 아이의 이야기가 아닌가! 전쟁 말이다. 그래, 다정한 아버지와 딸이 만들어 낸 이야기를 제대로 읽지 못하는 난 이 부분에 확실히 문제가 있긴 한가 보다. 전쟁보다 아버지와 딸의 이야기로만 읽히는 걸 보면 말이다.
《조개맨들》은 조개껍데기가 많아서 '조개맨들'이라고 불리는 강화도 바닷가 마을 가까이에서, 아버지와 꽃처럼 이쁜 여덟 살 딸 영재가 살아가는 이야기다. 6·25 전쟁이 나던 그해 여름까지였지만. 난 이렇게 이쁘고 씩씩한 아버지와 딸의 이야기를 들어 보지 못했는데 이 아름다운 이야기는 영재 일기장 속에 고스란히 담겨 있다.

꽃들아, 미안해
아빠랑 조개맨들 가는 길은 언제나 즐겁다.
여름이면 조개맨들 길이 보라색 붓꽃으로 가득 찬다.
"아빠, 붓꽃 정말 예쁘죠?"
"아니! 붓꽃보다 우리 영재가 백배는 더 예쁜걸!"
"정말요?"
"그럼, 정말이고말고."
히힛.
꽃들아, 미안해.

눈물 찔끔

참외들이 익었다.

동글동글 잘도 익었다.

장사하는 아주머니들이 참외를 사러 오셨다.

아빠는 잘 익은 참외를 따 모았다.

예쁜 건 아주머니들이 골라 담았다.

아빠가 흠집 난 참외 하나를 나한테 주셨다.

"애들은 이런 거 먹으면 못써."

아주머니들이 놀리며 빼앗아갔다.

아빠가 참외 하나를 또 주셨다.

"우리 영재, 이번엔 빼앗기지 말고 먹어라."

눈물이 찔끔 났다.

이를 어쩌면 좋단 말인가? 아버지는 우리 딸이 꽃보다 백 배 이쁘다 하고, 귀한 참외를 빼앗기지 말고 먹으라 한다. 그런데 왜 내가 눈물이 나는 걸까? 그림책을 한 장 한 장 넘길수록 영재 아버지는 나에게 너무했다.

영재 아버지는 나무를 깎아 영재 신발을 만들어 주고 영재 가 추울까 봐 서울 가서 어깨까지 푹 덮을 수 있는 턱받이 이불도 사다 준다. 그뿐이랴. 가족과 함께 살 집도 뚝딱 짓 는다. 딸을 위해 눈사람을 만들어 주는 일은 어디 말처럼

쉬운 일인가. 아버지가 영재에게 하는 말은 더더욱 다정스럽다. 그래서인지 영재 아버지는 영재 그림일기 속 힘센 아버지로 남아 있다. 팔다리도 크고 튼튼해 보인다. 영재가 매달려도 끄덕없다.

표지에는 씩씩한 아이가 하늘을 향하고 있다. 하늘도 영재도 거침이 없다. 영재의 팔도 다리도 튼튼해 보이고 하늘도 구름도 논과 밭도 힘이 넘쳐 보인다. 표지를 넘기고 들어가면 영재가 그린 그림일기가 시작되는데 꽃도 나무도 집도 삐뚤빼뚤해서 마치 그리다 틀린 그림 같다. 마음껏 그린 듯 어디에도 갇히지 않았고 거침이 없다. 그랬을 거다. 아버지가 영재를 든든히 지켜 주었으니까. 그림일기 속 영재는 하늘도 땅도 꽃도 나무도 다 친구고 이웃이다. 더구나 엄마 아버지도 그리고 할머니 할아버지 마을 사람들 모두 영재 편이다. 아버지가 지켜 주는 아이는 이렇듯 세상의 주인공이 된다.

아버지가 전쟁으로 돌아가시고 영재네는 읍내로 이사를 간다. 영재의 이삿짐 속에는 아버지가 있다. 어디 이삿짐뿐이랴. 영재 기억 속에는 평생 아버지의 방 하나가 더 있을 것이다. 언제든, 언제까지든 말이다.

부럽기만 했다. 그다음엔 '설마 그 옛날에 이런 아버지가 있었을라구? 아니 딸보고 꽃보다 이쁘다 하질 않나?' 부정하고 싶었다. 우리 아버지는 한 번도 내 이름을 다정하게 불러 주지 않았는데……. 내 머리를 쓰다듬어 준 일도 없었고 난 아버지의 눈빛도 받지 못했다. 물론 그 시대 대부분의 아버지들이 그랬을 것이다. 그래서 다 이해하고 묻어 둔 아버지와 아버지 이야기가 아닌가. 아직도 이 나이에 못 넘어갈 아버지 이야기가 남아 있다면 그건 돌아가신 아버지에 대한 반칙이 분명하다. 난 치사했다. 전쟁으로 헤어진 아버지와 딸 이야기에 질투를 하다니. 아버지에게 따뜻한 말 한마디 들었더라면 내가 사는데 조금은 더 넉넉했을까? 내내 부러워서 말이다.

그렇게 어깃장을 놓으며 읽다가 마지막 영재 아버지 흑백 사진 앞에서 꼼짝 못하고 말았다. 이 젊고 씩씩한 아버지는 어디로 갔을까? 전쟁은 어떻게 영재에게서 아버지를 빼앗아갔는지…… 이리도 굳건한 아버지를 말이다. 아버지 없이 보낸 영재의 삶도 안타까웠다. 영재 아버지 사진 위로 여러 사진이 겹쳐 보이더니 오래된 아버지의 사진 속에서 전쟁은 나에게도 현실처럼 다가왔다.

군복 입은 사진 속 아버지는 젊었다. 야자수 아래 선 아버지도, 부산 부둣가에서 배를 타고 떠나는 아버지를 배웅하는 엄마도 젊었다. 어린 아내와 딸들을 단칸방에 맡겨 두고 떠나던 아버지의 마음에 마음이 흔들렸다. 오래된 아버지의 군복 입은 흑백사진을 보고 있자니 아버지에 붙은 많은 감정들이 저절로 떨어져 나가기 시작했다. 마침내 아버지만 남았다. 《조개맨들》을 읽고 그 새벽에 난 아버지를 만나고 있었다. 그리고 또 한 명의 아버지와 딸이 떠올랐다.

전쟁과 아버지 그리고 이 땅의 어머니들

내가 아주 어렸을 때부터 엄마는 엄마의 아버지인 내 외할아버지 이야기를 하고 또 했다. 난 외할아버지의 얼굴은커녕 사진조차 보지 못했고 엄마 이야기로만 듣고 외할아버지를 상상했다. 엄마에게 좋은 기억은 다 아버지 이야기이고, 부끄러운 기억은 어머니 이야기였다. 엄마가 아버지 이야기를 할 땐 목소리도 달랐다. 하지만 당신 엄마인 내 외할머니는 환갑이 지난 후에야 '우리 엄마'란 말을 했고 그 '우리 엄마'가 보고 싶다고 하셨을 뿐이다. 엄마가 외할아버지 이야기를 하실 때면 목소리뿐만 아니라 얼굴 표정도 달랐다. 겨울 홍시를 먹을 때면
"우리 아버지는 겨울밤이면 땅땅하게 언 감을 화롯불에 녹여 드시곤 했는데 꼭 나만 주지! '우리 큰딸' 하면서 말이야."
"사람들이 모여 백중놀이를 할 때면 밤에 불을 밝힌 배를 띄우는 게 그리 이뻤어. 아버진 불 밝힌 배에다 꼭 나를 태

우고는……."

엄마와 엄마의 아버지만 아는 이야기일 것이다. 영재와 영재 아버지만 아는 이야기가 있듯이 말이다. 우리 엄마에게 조개맨들은 충청북도 단양이고 단양은 세상에서 제일 아름다운 곳이다. 엄마와 아무리 좋은 곳을 가도 엄마 입에서 '참 좋다'는 말을 들어 본 적이 없다. 세상에서 최고로 좋은 곳은 엄마 고향 마을이고 세상에서 제일 아름다운 산도 소백산이다. 엄마의 기억 속 고향에는 봄 여름 가을 겨울의 소백산이 있다. 엄마에게 고향은 말할 수 없이 아름다운 곳이지만, 어쩌면 엄마의 기억이 더욱 그럴 것이다. 기억 속 고향에는 젊은 나이에 돌아가신 엄마의 아버지가 있었다. 그리고 떠날 수밖에 없었고, 다시 가 보지 못한 고향에 대한 아픈 그리움이 있었다.

엄마 아홉 살에 전쟁이 났다. 외할아버지는 6·25 전쟁 직전에 돌아가셨고 읍내에 살던 외갓집은 땅 한 평 없어 농사조차 지을 수 없었다고 한다. 농사거리도 없이 집안의 가장도 없이 외할머니는 어찌 살았을지……. 고단한 피란길에서 돌아왔지만 먹고살 길이 막막했고, 그때부터 중앙선 철도길을 따라 외할머니의 행상이 시작되었다. 외할머니는 장을 따라 한 번 집을 나가면 며칠이 걸릴 때도 있었다는데, 엄마가 올 때까지 우리 엄마는 얼마나 애가 탔을까? 결국 몇 해 못 가 외갓집은 고향에서 못 살고 뿔뿔이 흩어지고 말았다. 엄마는 고향을 잃었고 다시는 고향에 가지 못했다. 다 전쟁 때문이었다.

전쟁의 공포는 폭격만 있는 것이 아니다. 팔다리를 잃고 목숨을 잃는 것으로 끝나는 것이 아니다. 전쟁이 끝난 후에도 아이들은 자라면서 정신적으로 더 큰 고통을 감당하게 되는데 그 또한 전쟁의 다른 모습이다.
— 이기영, 《작은 사람 권정생》

몇 년이 못 가서 우리는 10식구가 뿔뿔히 헤어져야 했다. 6·25가 일어나자 가족들은 서로의 생사조차 모르게 되었다.
— 권정생, 《오물덩이처럼 딩굴면서》

영재는 읍내로 이사를 갔다. 그리고 《조개맨들》의 그림일기는 끝난다. 아버지를 잃고 고향을 떠나 영재는 어떻게 살았을까? 그리고 우리 엄마는 어떻게 살았을까? 이모는 피란길에 마이신이라는 항생제 한 알이면 될 눈병으로 평생 눈 때문에 고생을 해야 했고 어린 외삼촌은 죽고 말았다. 엄마는 동생을 살리겠다고 한겨울 개구리를 잡으러 다녔고, 행상을 떠나 며칠째 돌아오지 않는 엄마 대신 동생을 광주리에 이고 가서 산에 묻어야 했다. 더도 덜도, 우리 엄마 이야기는 권정생 동화 속 주인공이었다. 몽실이도 영재도 우리 엄마도 그해 모두 아홉 살이었다. 아버지 없이 전쟁을 겪어야 했던 아이들이다. 그리고 전쟁이 끝나고 고향을 떠나야 했다.

엄마는 아주 오랫동안 고향에 가지 못했다. 먹고살기 힘들어 정신도 없었지만 사실 엄마에게 고향은 쉽게 갈 수 없는 곳이었다. 전쟁으로 고향을 잃고 아버지를 잃은 아이들은 어떻게 살았을까?

권정생 선생님은 이렇게 전쟁으로 고향을 떠나온 한 할아버지 이야기를 하면서 태어나기는 어머니 아버지한테서 태어났지만 그의 인생은 분단과 6·25 전쟁이 만든 인생이라고 말했다.

전쟁은 뜻밖의 횡재를 얻는 수도 있지만 대부분이 씻지 못할 상처를 안고 비극의 인생을 살다가 끝마친다. 수많은 고아가 생겨나고 과부가 생겨나고 신체적 정신적 장애자가 생긴다. 스스로 선택할 수 있는 여지도 없이 개개인의 운명을 극과 극으로 바꿔 놓고 있다.

— 권정생, 《우리들의 하느님》

지난겨울 우리는 혹독한 전쟁을 치렀다. 아직도 날마다 전쟁 중이다. 할머니 할아버지는 손에 태극기를 들고 그리고 그 옆에서 촛불을 들고……. 이런 전쟁이 없다. 아직도 우리는 60여 년 전 그 전쟁이 만들어 놓은 전쟁 속에 있다.
《조개맨들》의 글을 쓴 신혜은 작가는 어머니가 들려주는 이야기를 바탕으로 글을 썼다고 한다. 그림을 그린 조은영 작가는 전쟁으로 돌아가신 아버지가 아닌 전쟁 속에서 어린 아이들을 키워 낸 엄마들에게 이 책을 바친다고 했다.
영재 그림일기는 여기서 끝나지만 우리 엄마의 이야기는 아직도 가슴속 깊이 남아 있을 것이다. 나야말로 엄마 이야기를 듣고 들어야겠다. 동생을 광주리에 이고 산으로 들어간 엄마! 아, 엄마는 어떻게 살았을까?

아빠는
어디에 살고
계시니?

아빠는 지금 하인리히 거리에 산다

네레 마어 글
베레나 발하우스 그림
아이세움
2001

아이들에게도 자기 인정이 필요하다

집을 나간 아빠가 짐을 챙기러 들어왔다. 짐을 챙겨 나가면서 아들 베른트에게 말한다. "아빠는 지금 하인리히 거리에서 산다"고, 그러니 언제든지 올 수 있다고 말이다. 하지만 하인리히 거리에 살고 있는 아빠는 그런지 몰라도 베른트는 아직 이런 상황이 인정되질 않는다. 비록 오늘 아빠의 짐은 집에서 나가지만 아빠는 아직 우리 집에 나와 함께 있다. 베른트는 아빠가 집을 나간 현실을 받아들일 수 없다.

"아빠는 지금 하인리히 거리에 살고 있어요."

책 마지막에 한 번 더 나오는 말이다. 이번엔 베른트가 말한다. 우리 아빠는 지금 하인리히 거리에 살고 있고, 그러니 난 언제든지 아빠 집에 갈 수 있다고. "엄마 아빠는 이혼을 했지요"라고 이번엔 순순히 인정을 하면서 말이다. 누구에게 들으라고 하는 말이 아닌 내가 나에게 하는 말이 진짜다. 베른트가 베른트에게 하는 말! 이렇게 자기 인정이 필요하다. 그래야 끝이 난다. 쉽지는 않았고 아직 더 왔다 갔다 분명 여기가 끝은 아니겠지만, 아무튼 베른트는 이혼을 받아들이기 시작했고 그다음은 또 그다음인 것이다.
《아빠는 지금 하인리히 거리에 산다》는 베른트가 부모의 이혼을 받아들이는 과정을 차분히 이야기한다. 그게 이 책의 매력이다. 윽박도 없지만 설득도 없다. 이혼은 엄마 아빠의 문제고 두 사람의 결정이지만 아이도 자기 인정이라는 것을 해야 한다고 말하는 듯하다.
이혼을 결심한 아빠는 베른트에게 말한다.

"엄마가 혼자 있고 싶단다. 이건 네 탓이 아니야, 아빠 엄마 문제지. 엄마랑 아빠는 헤어지기로 했어. 그래도 너는 언제까지나 내 아들이고, 나는 언제까지나 네 아빠야."

아빠가 짐을 싸서 집을 나가자 이번엔 엄마가 말한다.

"아빠를 자주 만나러 가도 돼. 네가 아빠한테 간다고 엄마가 슬퍼하지는 않아. 아빠는 언제까지나 아빠란다."

엄마와 아빠는 약속이나 한 듯 멋지게 말해 준다. 우리는 이혼하지만 언제까지 네 엄마 아빠라고. 베른트도 그 말을 알긴 알겠다. 그래도 아빠의 짐이 나간 자리는 쉽게 채워지지 않는다. 베른트도 어찌해야 할지 자기 마음을 모르겠다. 그럴 때가 있지 않은가. 생각대로 마음이 따라가지 않을 때! 그래서인지 베른트는 보이지 않는 아빠는 걱정하는 것으로, 함께 사는 엄마에겐 어깃장을 놓는 것으로 자기 마음을 표현해 본다. 심지어 엄마 아빠가 아기가 되고 자신이 보호자가 되는 상상을 하는데, 베른트는 아픈 부모님에 대한 걱정을 놓지 않는다. 그리고 심상치 않은 엄마의 외출 때문에 속이 상하고 슬프지만 그 슬픔 속에서 하나하나 생각을 시작하기도 한다. 그러니 시간이 필요하다.

아이들이 이혼으로 아프다

나는 차마 희윤이에게 아빠는 지금 어디에 있는지 묻지 못했다. 희윤이가 우리 반 카페에 글을 써서 올렸을 때였다. 엄마 아빠의 이혼에 관한 솔직한 글이었는데 친구들은 희윤이의 글을 읽고는 모두 안 읽은 척했다. 내가 수업 시간에 희윤이 글 이야기를 꺼내자 아이들은 '아! 선생님' 하는 표정이더니 조금은 다들 심각해졌다. 우리가 알고 있다는 것이, 그래서 아는 척하는 것이 희윤이를 더 힘들게 하지 않을까, 하는 걱정이었을 것이다.

모두를 심각하게 해 놓고 정작 희윤이는 무슨 일이냐는 듯 눈을 동그랗게 뜨고 시침을 떼고 있었다. 자긴 괜찮다는 것이다. 난 정말 괜찮은데 너희들은 무슨 일이지? 그런 얼굴이었다. 진짜인지 가짜인지 모르겠다. 아마 희윤이도 모르겠지. 희윤이는 언젠가부터 이렇게 자기 감정에 멀찍이 떨어져 있었다. 자긴 그 어떤 상황에서도 아무렇지 않아야 한다는 듯이. '난 다 겪어 볼 만큼 겪어 봤다고! 알아?'라고 말하는 듯했다.

오늘은 가족사진을 찍는 날이다. 어떻게 보면 마지막 가족사진이다. 왠지 모르게 슬프지는 않았다. 마지막인데, 왜 이러지……. 내가 이렇게 동생들 생각을 안 하다니. 뭐 아빠에 대한 미련은 없으니 괜찮은데 동생들 생각하니까 왠지 모르게 슬퍼진다. 가족사진이라니? 동생들과 헤어져야 하는 엄마한테는 굉장히 의미 있는 일이었을 텐데 나는 좀 짜증이 났다. 그래도 엄마 생각해서 웃고 사진 찍고 하긴 했는데……. 나는 아빠가 싫다. 옛날에도 싫었고, 지금도 싫고, 계속 싫어할 거다. 내 아빠라고 해도 싫다.

이제 얼마 안 남았으니까 빨리 끝났으면 좋겠다. 이혼소송도 잘 끝나고, 엄마 하는 일이 앞으로 잘되고, 동생들도 바르게 잘 컸으면 좋겠다.

― 희윤이가 쓴 글

아빠를 계속 싫어할 거라고 결심하는 희윤이와 희윤이네 속 사연은 잘 모르겠지만 희윤이 상황을 어렴풋이 짐작은 하고 있었다. 아마도 엄마 아빠가 이혼소송 중이며 동생들은 아빠와, 희윤이는 엄마와 살기로 했나 보다. 나도 반 아이들처럼 먼저 아는 척을 할 수가 없었다. 기쁜 날을 기념하기 위해 찍는 가족사진이 아니라 어쩌면 다시 못 볼 가족들이 헤어지며 찍는 가족사진이라니. 다만 그 속사정을 짐작할 뿐이다. 그러니 누군들 쉽게 아는 척할 수 있을까? 더구나 툭 던지듯 아무렇지도 않다는 듯 엄마 아빠의 이혼을 글로 쓰는 희윤이 때문에 가슴이 아렸다. 이미 희윤이에게 "희윤아 네 잘못이 아니야"라는 말 따위는 들리지 않을 듯했다. 나 역시 희윤이 흉내를 내며 지나가듯 "희윤이, 못되게 잘 살고 있는 거 맞지?" 하며 말을 던질 뿐이었다. 마지막 가족사진까지 찍으면서 잘 헤어지고 싶은(아니 헤어지고 싶지 않은) 희윤이 엄마에게 이혼의 고통이 느껴졌다. 아

마 무던히도 가정을 지키려고 애썼을 것이고, 희윤이는 그 과정을 다 지켜봐야 했을 것이다. 그러면서 몰라도 될 엄마 아빠 이야기를 들어야 했고 엄마의 이야기를 들으면서 엄마와 하나가 되고 또 친구가 되었을 것이다. 그래서 애어른이 된 희윤이는 엄마와 같은 눈으로 세상을 보고 있을 것이며, 앞으로 더 많은 시간을 그렇게 살 것이다. 희윤이와 희윤이 엄마에게 이혼은 행복하려고 하는 것이 아니었다. 더구나 희윤이는 아버지를 엄마의 남편으로 만나고 있으니, 희윤이에게 아버지는 그 어디에도 없었다.

엄마 아빠 이혼으로 아이들이 힘들다. 한 아이는 아빠 이야기를 꺼내지도 못하게 하는 엄마 때문에 힘들고, 또 한 아이는 이혼 후 밤마다 술을 마시는 엄마 때문에 불안하다. 그리고 베른트처럼 이혼한 후 혼자 살고 있는 아빠가 밥은 챙겨 먹는지 걱정인 아이도 있다. 엄마 아빠는 이혼했으나 아직도 이혼이 끝나지 않은 아이들……. 베른트처럼 아빠 걱정이 사라지지 않고 엄마에게 억지를 부리는 것은 시작일 뿐이다.

영국의 작가 배빗 콜이 쓴 《따로따로 행복하게》는 심각한 장미전쟁 이야기를 결혼식의 반대말인 '끝혼식'으로 풀어낸 그림책이다. 하지만 장미전쟁은 아무나 할 수 있는 것이 아니다. 엄마 아빠의 힘이 동등해야 한다. '끝혼식'도 마찬

가지다. 이혼이라는 전쟁도 따로따로 사는 것도 다 힘이 필요하다. 여기서 이혼은 할 수 없어서가 아니라 더 행복하려고 하는 것이다. 백번 맞는 말이다. 그 어디에도 감정의 불균형이나 돈 문제는 없다. 그러니 이혼을 다룬 그림책이지만 유쾌하게 진행된다. 《따로따로 행복하게》는 결혼이라는 시작부터 우리의 현실과 다르기에 이혼의 모습도 다르다. 무엇보다 이 이야기는 아이들로부터 시작된다. 아이들은 부모가 날마다 싸우며 사니 이혼해서 다시 행복해져야 한다고 인정하고 시작하는 것이다.

그런가 하면, 애널레나 매커피가 쓰고 앤서니 브라운이 그린 《특별한 손님》은 이혼 이후 다시 가정을 만드는 재혼 이야기다. 아빠와 살고 있는 딸, 엄마와 살고 있는 아들. 이 두 가정이 만나서 새로운 가정을 이루는 과정을 다루고 있는데 딸 케이트 눈에 비친 재혼을 그려 냈다. 케이트는 아빠와 둘이 사는 지금이 평화로운 듯 좋지만 문제는 아빠가 행복하지 않다는 것이다. 케이트는 자기의 감정이 중요한 만큼 아빠의 감정도 소중하다는 것을 알고 있다. 아빠는 이런 케이트를 기다려 주고 케이트 역시 아빠의 행복도 기꺼이 인정하게 된다. 가족은 결코 어른들이 만나서 만들어지는 것이 아니라 이렇게 어른들과 아이들이 모여서 이루어진다.

정은이도 새로운 아빠까지는 인정이 되는데, 새아빠 때문에 만들어지는 새로운 가정이 힘들다고 상상하기도 싫다고 했다. 외동으로 살았는데 여동생이 둘 더 생겨서 큰딸이 되는 것은 아무래도 싫다는 거였다. 이렇게 이혼의 모양이 다르다. 《특별한 손님》의 엄마와 아빠는 서두르지 않는다. 케이트에게도, 정은이에게도 시간이 필요할 것이다.

우리의 이혼 현실에 비하면 이혼을 다룬 그림책이 생각보다 많지 않다. 이혼이라는 것이 그림책으로 담기에 아직은 버겁고 심각하다. 현실이 그렇다. 지금보다 더 행복하려고 이혼한다기보다는 지금의 현실을 회피하는 방법으로 이혼을 하게 되거나 누구 하나가 이혼을 당하는 경우가 많다. 그러다 보니 엄마 아빠가 이혼을 하게 되면 아이는 누구 '편'이 되기 쉽다. 엄마 편인지 아빠 편인지. 아이들도 한 명을 잃게 된다고 생각해서 깊은 죄책감에 빠지게 된다. 더구나 정리 안 된 감정이나 돈 때문에 일방적인 약자가 있으니 양편이 균형이 맞지 않는다. 이때 아이들은 누군가의 편이 되는 것조차 힘들다. 그러니 아빠가 혹은 엄마가 어디에 있는지 모른 채 살아야 한다. 어른은 물론 아이들도 '따로따로 행복하게'가 아니라 '따로따로 불행하게'가 될 수도 있는 것이다.

아버지 또는 어머니의 부재 속에서

그림책 모임을 하고 있다. 지난번 모임에서는 모두들 오랜만에 만난 가족들 이야기가 나왔다. 묻지 않으면 개인 이야기를 잘 하지 않던 후배가 아무렇지 않게 아버지 이야기를 시작했다.

오래전 이혼 후 혼자 살고 계시던 아버지가 추석 연휴 며칠 전에 갑자기 아프시다는 연락이 와 병원으로 가야 했다고 한다. 여러 가지 검사를 받고 집에 모셔다 드려야 했는데 그게 문제였나 보다. 어릴 때부터 부모님의 이혼으로 혼자서 많은 것을 해결하면서 씩씩해진 후배는 아무렇지 않게 아버지를 따로 만나 왔다. 여름휴가나 명절이면 아버지를 만나서 밥도 먹고 살림도 챙겨 주고 이야기도 들어 주는 철난 딸이었다. 그러나 딱 여기까지, 라고 주문을 외우며 살았나 보다. 늘 다짐을 하듯 난 여기까지, 라고 했었지만 그날은 상황이 상황인지라 그게 잘 되지 않았나 보다. 혼자 아프다가 어쩔 수 없이 자식에게 연락을 하고 다시 병원에서 혼자 살던 곳으로 퇴원을 해야 하는 아버지와 그것을 지켜봐야 하는 딸. 아버지 혼자 살고 있는 집을 보지 않으리라, 절대로 혼자 사는 집 앞까지는 안 가야지 결심을 했다고 한다.

"집 안에는 들어가지 말았어야 했는데⋯⋯ 안 들어가려고 했는데 어쩌다……."
그러다 집 앞까지 모셔다 드리고는 그다음 집 안을 그리고 냉장고까지는 보지 말았어야 했다고……. 후배는 이제 누구의 눈이 아닌 자기 눈으로 세상을 보며 살고 있다. 어디에도 흔들리지 않는다. 자기 연민이나 이런 일로 울지 않으리라 다짐한 사람 같았다. 그렇게 아주 오랜 시간이 흘러온 이 자리였지만 끝내 눈물을 보이고 말았다.
그 눈물 앞에서 난 아빠 없이 살아야 할 우리 반 아이들이 떠올랐다. 씩씩하게 다짐한 희윤이 얼굴이 떠올랐다. 그들이 갖게 되는 죄의식과 균형잡기의 어려움 그리고 두고두고 미워해야 할 감정들……. 그것이 어찌 아이들뿐일까? 어찌 부모의 이혼 문제뿐일까? 내 속에도 수십 년째 남아 있다. 다만 아이들을 만나며 어른인 내가 내 어린 시절을 위로할 뿐이다. 씩씩한 어른이 된 후배의 마음고생도 헤아려 본다.
난 오늘도 내가 만나는 아이들에게 이렇게 물어볼 뿐이다.
"아빠는 지금 어디에 살고 계시니?"
아이들도 알아야 한다. 아빠가 어디에 살고 있는지 말이다.

이 세상에
잘 왔다고,
나를 축복하는

태어난 아이

사노 요코 글·그림
거북이북스
2016

나, 왜 태어났나

일본 그림책 마을 여행 최고의 장면은 야마나시 현에 있는 코부치자와 그림책 마을이었다. 아직 봄이 오지 않은 3월인데도 숲속으로 들어가는 길이며 그 길에 불던 바람이 도대체 이곳에 봄이 오면 어쩔까 싶었다. 코부치자와 그림책 마을 앞에는 초원이 펼쳐져 있고 더 멀리 눈 덮인 후지산이, 뒤에는 일본 알프스로 불리는 아카이시 산맥이 보인다. 그 사이에 아주 작은 그림책 갤러리와 그림책 서점이 있다.

그 작지만 꽉 찬 갤러리와 서점을 아버지와 두 딸이 지키고 있다. 입장료를 내고 들어가면 주스와 커피를 마실 수 있는데, 관장님이 직접 만드는 사과 주스는 한잔의 음료가 아니라 말 그대로 손님맞이로 보인다. 손님맞이는 그것뿐이 아니다. 작은 방마다 복도마다 진기한 그림책 원화들이 전시되어 곳곳이 갤러리가 되고, 그 갤러리마다 그곳의 주인공인 원화들과 책들이 자리 잡고 있다.

1960년대부터 어린이책을 기획하고 수입하면서 유럽을 다녔다는 모치츠키 헤이 관장님은 유럽 동화의 배경이 숲인 것을 마음에 두었다 한다. 나중에 숲속에 그림책 마을을 만들어야지 마음먹고 책과 그림책 원화를 모았다. 그리고 1993년 이곳에 그림책 갤러리와 서점을 만들었는데, 설계부터 모두 관장님이 직접 했다.

그림책 이론서에서만 보던 오래된 유럽의 원화와 '케이트 그린어웨이' 원화, 그리고 작지만 따뜻한 '타샤의 방'은 바로 주인의 삶의 방향인 듯 그곳과 어울렸다. 긴 세월 동안 전문가가 준비한 원화 한 장이 그림책 마을을 찾아간 우리들에게 또 하나의 새로운 꿈을 주었다.

하지만 이곳에서 진짜 아름다운 것은 따로 있었다. 바로 이곳을 만들고 이곳을 지키고 있는 모치츠키 헤이 관장님이었다. 자기 자리가 거기인 듯 테이블 뒤에 숨어 사람들 앞으로 나오려 하지 않던 관장님. 그 수줍음도 아름다웠지만, 관장님의 말 한마디 한마디에서는 아름다운 신념이 주는 부드러운 힘을 느낄 수 있었다. 코부치자와 그림책 마을은 정직하게 그림책을 좋아하는 사람만이 만들어 내는 아름다움으로 꽉 차 있었다.

"그림책의 매력은 내가 이 세상에 태어나길 너무 잘했다, 너무 행복하다는 것을 확인시켜 주는 것이고 내가 힘들 때 마음이 아플 때 나를 축복해 주는 책입니다."

관장님의 이 말을 듣는 순간 이제까지 설명할 수 없었던 그림책에 대한 생각이 정리되었고, 왜 그렇게 그림책이 좋았는지 알게 되었다. 내 그림책 여행의 절정이었다. 결국 그림책 마을에서 가장 중요한 것은 건물이나 진기한 원화 전시가 아니라 그림책 마을을 만든 사람의 마음! 그래서 그림책 읽은 사람을 만나는 일이었다. 더구나 그곳을 만든 사람이 자리를 지키고 책을 안내하는 모습이라니……. 그림책에 대한 그 어떤 이야기도 다 들려주실 듯했다.
내가 왜 태어났는지 말해 주는 책이라고?
너 참 잘 태어났다고 축복해 주는 책이라고?
곰곰이 생각해 보니 나에게도 그림책은 그랬다. 그림책은 나에게 너 이 세상에 잘 왔다고, 너 참 잘 태어났다고 축복해 주는 책이었다. 그런데 그런 줄 모르고 있었다. 그림책을 만나기 전에, 아니 관장님의 말을 듣기 전에는 그림책이 나를 축복해 주었다는 것을, 내가 태어난 것이 축복받을 만한 일이었다는 것을 모르고 있었다. 난 이제까지 한 번도 '너 참 잘 태어났어!'라는 말을 들은 적이 없다. 누구에게서도 '네가 태어난 걸 축복해' 이 말을 듣지 못한 채 아이에서 어른이 되었다. 그래서 힘들었던 거다. 참 단단하지 못한 어른이 되었고 두고두고 힘들었나 보다.

'내가 세상에 태어난 것은 참 축복받은 일이고, 그래서 이 세상에 태어나길 참 잘했다' 이 말이 주는 힘은 생각보다 세고 단단하다. 마음속에 숨어 있어 잘 보이진 않지만 중·고등학교에서 아이들을 만나 이야기하다 보면 자기의 고민 이전에 무슨 말을 듣고 살았는지, 여기에서 출발하는 경우가 생각보다 많았다. 마음이 아픈 아이들 말이다. 《옛이야기의 매력》을 쓴 브루노 베텔하임은 부모가 자녀에게 해 줄 수 있는 최고의 교육은, 아이가 왜 살아야 하는지 즉 삶의 의미를 스스로 알게 해 주는 일이라고 했다. 물론 말처럼 쉽지 않은 일이다. 어떻게 해야 하는지도 모르는 일이다.

《태어난 아이》《100만 번 산 고양이》《아저씨 우산》. 관장님 이야기를 듣는 순간 떠올랐던 책들이다. 그림책을 선물할 때나 학교에서 수업 시간에 꼭 읽어 주던 책들인데, 내가 왜 이 책들을 좋아했는지 의문이 풀리는 순간이기도 했다.

모두 일본 작가 사노 요코의 그림책인데 처음 읽던 날의 충격을 잊을 수가 없다.

나, 태어났나

《태어난 아이》는 세상에 태어나기 싫어서 태어나지 않았던 아이, 그러니까 태어나지 않은 아이의 이야기이고, 《100만 번 산 고양이》는 백만 번이나 죽은 고양이의 이야기다. 백만 번 살기 위해서는 백만 번 죽어야 하니까.
어찌 보면 이 세상에 태어나기 싫어서 태어나지 않았던 아이와 백만 번이나 죽었다 다시 태어난 고양이는 결국은 같은 이야기였다. 태어나지 않으려고 했던 아이와 자꾸자꾸 다시 살아야 했던 고양이. 이들은 결국 같은 것을 찾으려고 했던 것이다. 누군 태어나지도 않으려 했고 누군 자꾸 다시 태어나려 했다. 길만 달랐을 뿐이다.

태어나고 싶지 않아서
태어나지 않은 아이가 있었습니다.

수업 시간에 이 책을 읽어 주면 이 첫 문장만 읽어도 침묵이 흐른다. 딴짓하던 아이들도 솔깃 귀가 모아지고 시선이 모아진다.

태양 가까이 다가가도 뜨겁지 않았습니다.
태어나지 않았으니 아무 상관이 없었습니다.

모기가 물었습니다. 가렵지 않았습니다.
태어나지 않았으니 아무 상관이 없었습니다.

상관이 없다니, 태어나지 않았기 때문에 아무런 상관이 없다는 말에 침묵이 흐른다. 생각지도 못한 주인공과 주인공이 툭툭 던지는 말에 여기저기 탄성이 나온다. 누구 이야기인지 벌써 알아차린 것이다. 이 책의 주인공은 자기를 좀 가만히 내버려 두길 바라는 아이들, 그러니까 자기들 이야기였던 것이다.
상관하지 마!
아이들은 더욱 조용해진다. 그런데 상관하지 않겠다는 말은 태어나지 않겠다는 말이라니. 난 지금 이곳에 없다는 말이 되어 가고 있었다. 아직 태어나지 않았으니까. 어느새 세상을 어슬렁거리고 구경만 하는 구경꾼이 된 것이다. 그러니 자신들이 세상에 오지 않고 아직 자기 안에 있다는 것을 알아차려 가는 중인 것이다.
아무것에도 눈길을 주지 않고 죽어도 태어나지 않겠다던 아이는 다쳐서 엄마를 부르며 달려가는 아이를 보게 된다.

자기도 모르게 따라간다. 이상하다. 궁금하다.
엄마는 다친 아이를 안아 주고 반창고를 붙여 준다. 아이는 그런 엄마의 모습에 눈길을 주더니 그만 "반창고, 반창고!" 하고 소리친다. 그러고는 "엄마!" 하고 외치며 세상에 태어난다. 태어나지 않았기에 아무 상관이 없어서 벌거벗고 다니던 아이가 옷을 입고서. 반창고가 붙이고 싶어서 말이다.
세상에는 반창고가 있다.
반창고를 붙여 주는 엄마가 있다.
괜찮아, 태어나도 좋아!
반창고가 있으니 상처쯤은 상관없을 거야.
사실 아이가 구경만 하고 태어나지 않으려 했던 것은 상처 받기 싫어서였는데, 반창고와 반창고를 붙여 주는 엄마를 보는 순간 태어나고 싶어졌다. 그러니 아이는 상처를 받으려고 태어난 것이다. 이제 세상과 상관하겠다는 것이다.
태어나지 않은 아이는 이제 태어났다. 자기의 옷을 입고서.
그런데 옷을 입고 세상에 태어나니 피곤한 일뿐이다.

  태어난 아이는
  물고기를 보면 잡으러 가고
  모기한테 물리면 가려워했습니다.
  바람이 불면 깔깔깔 웃었습니다.

이제 아이는 물고기 잡으러 가야 하고, 모기에 물리면 긁어야 하고, 바람이 불면 깔깔깔 웃어야 하고, 배가 고프면 먹어야 한다. 옷도 날마다 갈아입어야 한다. 해야 하고 해야 하고 해야 한다. 마지막 장면에서 태어난 아이는 잠들면서 말한다.

"태어나는 건 피곤한 일이야."

하지만 그래도 내가 선택한 것이다. 피곤하려고 말이다. 그렇게 태어나지 않으려고 했지만 이제 태어났다. 태어났으니 세상은 상처받을 일 천지이고 상처받을 준비를 해야 한다. 그것이 바로 태어난다는 일일 것이다. 잠든 아이는 아침에 다시 일어날 것이고, 그때가 세상에 태어나는 순간이며, 오늘도 아이는 상처를 받으러 간다. 그리고 피곤해질 것이다.

아이들과 이 책을 읽을 때 아이들이 열광하는 것은 이 아이의 시크함이다. 그 시크함을 흉내라도 내듯이 모두 한마디씩 한다.

"작가는 그리기 싫어서 억지로 그렸나 봐요."
"날 내버려 둬요."
"옷도 입지 않았어요. 어디에도 속하고 싶지 않은가 봐요."

시크하기 이를 데 없다. 사실은 자기들 이야기란 걸 알고 있다. '난 아직 태어나지 않았어요' '날 그냥 두세요'로 들린다. 진정한 태어남은 무엇일까? 왜 사춘기를 제2의 탄생이라고 하는지……. 아이는 태어나기로 결정한다. 자기가 자기로 태어나는 것! 내가 나를 낳는 것이다. 내 선택으로 태어나는 것이다. 이렇게 뒤늦게 사춘기를 말이다.

아무것에도 관심이 없으니 아무것도 보지 않고 아무 부끄러움도 없었다. 그러니 그저 훨훨 벗고 마음껏 돌아다니면 되었다. 에덴의 아담과 하와가 그랬고 나도 그랬다. 그리고 이 책을 읽는 순간 아이들도 알게 되었다. 태어나지 않았으면 고통도 없었다는 것을. 태어난 아담은 이제 날마다 옷을 입어야 한다. 그리고 속고 속인다.

이 책이 묻고 있었다. 너는 태어났느냐고. 태어나지 않은 채 태어난 줄 알고 있었던 바로 내 이야기였던 것이다.

한때 아이였던 나 그리고 당신에게

일본 여행에서 그림책을 가지고 숲으로 들어간 사람을 만났다. 한때 아이였던 당신에게 그 마음을 잊지 말라고 그림책 갤러리와 서점을 만들었다는 사람. 그리고 되돌아보니 그림책은 정말 내가 힘들고 외로울 때 축복해 주었다. 그리고 길을 떠날 때 떠날 수 있도록 힘을 주었다.

내게 반창고는 그림책이다. 내가 선택한 삶에서 상처받았을 때 위로해 주고 내가 이 땅에 온 것을 축복해 주는 책. 나와 함께 《태어난 아이》를 읽은 그때의 아이들도 그날 그 자리를 기억하겠지. '너 참 잘 태어났어!'라는 말도 함께.

나의 시간

누가 그래요?
민들레는 민들레라고

민들레는 민들레
———————
김장성 글
오현경 그림
이야기꽃
2014

민들레는 민들레

엄마가 열무김치를 하셨다.
나는 두 손가락으로 집어 먹었다.
엄마가 네모난 통에 열무를 넣었다.
나는 계속 집어 먹었다.
매워서 호호 소리를 냈다.
안 집어 먹으면 매워서 자꾸 집어 먹었다.
빨리 뛰어 컵을 집어 물을 떠서 먹었다.
그래도 매워서 방석에 얼굴을 비비며
하호하호하호 했다.

조금씩 나아져서 계속 집어 먹었다.
― 차상훈 어린이, '열무김치'
(탁동철이 엮은 오색초등학교 아이들 시 모음 《까만 손》)

지금은 직장에 다니고 있는 조카 다솔이가 초등학교 다닐 때 이 시를 읽어 주었다. 내가 막 신이 나서 읽어 주는데 다 듣고 나서 차분히 한다는 소리가 "아니 그럼 열무김치를 두 손가락으로 집어 먹지 세 손가락으로 집어 먹나?" 한다. 그러곤 다시 "그리고 이모! 김치통이 네모나지, 세모난 김치통도 있어?" 한다. 왜 당연한 얘기를 하냐는 것이다.
우리 조카 말이 맞다. 열무김치는 두 손가락으로 집어 먹고 김치통은 세모나지 않고 네모나다. 당연한 이야기를 하면 아이들은 이렇게 시비를 건다. 아이들에게 당연한 것은 시시한 것이고 아이들은 당연한 것에는 관심이 없는 듯하다. 그도 그럴 것이 온통 새로운 것, 신기한 것, 특별한 것이 넘쳐 나는 세상에서 날마다가 새로운 아이들은 더욱 그렇지 싶다. 열무김치 담근 일로, 그것도 두 손가락으로 집어 먹고 네모난 김치통에 김치를 담는 일 따위로 시를 쓰다니 하나도 특별하지 않다는 거다.
시는 당연한 걸로, 날마다 일어나는 일로 시작해야 한다는 이야기를 하려다 그만두었다. 당연한 것으로 시를 쓰는 것이 얼마나 귀한 일인지 아직 알 턱이 없을 것이다. 민들레가 민들레인 것이 얼마나 귀한 일인지 말이다.

지난여름 이른 아침에 학교에서 함께 일했던 후배 교사에게 카톡이 왔다. 그림책 한 권이었다. 《민들레는 민들레》라는 그림책을 한 장면 한 장면 사진으로 찍어서 보내 주었다. 그날 아침에 딱 어울리는 선물이었다. '민들레는 민들레' 밑에는 '김영미는 김영미!'라는 내 이름이 써 있었다. 늘 정확하게 말하던 후배인지라 '민들레는 민들레'라는 말과 함께 '김영미는 김영미'라는 말이 더 정확한 사실로 다가와 이른 아침부터 울컥하고 말았다.

그래, 맞아.

민들레는 민들레인 것처럼 '나는 나'인 것이 새삼스러웠다. 그날은 아마도 내가 7년 다니던 학교에 사표를 내고 집에 있는 첫날이었을 것이다. 내가 나를 지키고 사는 것에 대한 어려움 때문에 참 많이 힘들 때였다. 후배도 그걸 알고 있었기에 내 사표를 그렇게 응원해 주었을 것이다. 학교를 그만두더라도, 어디에 살든 무슨 일을 하든 너를 지키며 살라고, 이제부터 너는 너로 잘 살 수 있을 것이라고 말이다. 어디에 있든 민들레가 민들레인 것처럼.

'민들레는 민들레'는 당연하다. 그런데 이 당연한 이야기가 시가 되고 그림책이 되었다.

누가 그래요? 민들레가 민들레라고

중·고생 아이들도 그림책을 좋아한다. 먼저는 어릴 때 읽었던 그림책의 기억 때문에 행복해하고, 그림책이 바로 자기들 이야기라는 사실에 놀라워한다. 그리고 다음에는 아름다운 그림과 주제의 깊이에 놀란다. '그림책의 세계가 이런 거였나!' 하면서 그림책이 주는 울림에 감동한다. 무엇보다 그림책은 그 자리에서 바로 읽고 이야기할 수 있어서 좋고 그림책은 쉬울 거라는 생각이 있어서 그런지 부담 없이 이야기를 쉽게 풀어낸다.

민들레는 민들레
싹이 터도 민들레 잎이 나도 민들레
꽃줄기가 쏘옥 올라와도 민들레는 민들레

여기서도 민들레 저기서도 민들레
이런 곳에서도 민들레는 민들레

혼자여도 민들레 둘이어도 민들레
들판 가득 피어나도 민들레는 민들레

꽃이 져도 민들레 씨가 맺혀도 민들레

휘익 바람 불어 하늘하늘 날아가도
민들레는 민들레

《민들레는 민들레》를 수업 시간에 읽어 주는데 아이들이 "민들레는 민들레" 리듬을 따라 한 명 두 명 따라 읽더니 어느새 합창을 하듯 따라 읽었다. 그런데 어느 순간 '민들레는 잡초'가 된다. 처음엔 "민들레는 민들레"에서만 그러더니 점점 퍼져서 "싹이 터도 민들레 잎이 나도 민들레" 대신 '싹이 터도 잡초! 잎이 나도 잡초!' 아이들은 계속 민들레를 잡초라고 바꿔서 따라 읽는 것이다. 모두가 마음을 담아서 마음을 모아서 말이다. 생각지도 못한 아이들 반응이 재미있어서 '그래, 알았어' 하는 눈빛으로 나도 '민들레는 잡초'라고 같이 읽어 주었다.

농촌에 있는 기숙학교다 보니 민들레가 익숙하다. 하지만 이 아이들에게 민들레는 민들레가 아니고 잡초일 뿐이다. 아파트 보도블럭 위 삐집고 올라온 한두 송이 민들레가 아니라 비 온 뒤 며칠만 뽑아 주지 않으면 운동장 가득 채우던 잡초. 여름철 민들레는 기숙사 가는 길이며 날마다 뛰어야 하는 운동장이며 모든 경계를 사라지게 한다. 그러니 이 아이들에게 민들레는 꽃이 아니다. 민들레를 민들레라고 꽃 이름 그대로 부르면서 다 뽑아 버리려면 아마 스스로 납

득이 안 되겠지.

학교에서는 일하는 시간을 '노작' 시간이라고 따로 정해 두고 수업을 하는데 대부분 풀을 뽑는다. 여름에는 며칠만 풀을 뽑지 않아도 온통 풀밭이 되고 풀밭에서 가장 눈에 띄는 것이 노란 민들레다. 잡초는 뽑아야 하고 민들레는 날마다 쑥쑥 자라고, 더구나 해야 할 일로 만나니 어찌 민들레가 민들레일 수 있을까? 규칙을 어긴 아이들이 벌로 잡초를 뽑기도 하는데 이때도 애꿎은 민들레가 욕을 먹는다. 100리터 파란 비닐봉지 한가득 뽑아야 하는데 뽑아도 뽑아도 끝이 없는 민들레가 민들레로 보일 리가 없다. 내가 아무리 민들레라고 외쳐도 아이들에게 민들레는 잡초일 뿐이다.

"민들레가 민들레라니요? 선생님, 그런 이야기 하지도 마세요!"

"선생님, 그럼 헷갈려요. 제발 그런 말 꺼내지도 마세요!"

민들레를 민들레로 보지 못하는 현실도 현실이지만 이렇게 외쳐서라도 현실을 부정하고픈 그 마음이 이해가 되는 것이고, '민들레는 잡초'라 외치는 속에서 아이들의 이런 목소리도 들리는 것이다.

"나는 내가 아니걸요."

"나는 나를 잃어버리고 살아요."

그림책 한 권이 쉽지가 않은 까닭이다. 그러니 "민들레는 민들레"가 아니라 '민들레는 잡초'로 읽는 것이야말로 이 그림책을 제일 잘 읽는 것 아닐까.

그래도 민들레는 민들레

후배가 보내 준 《민들레는 민들레》를 다시 한 번 읽는다. '민들레는 민들레'와 '민들레는 잡초' 그 사이를 말이다. 나야말로 민들레는 잡초였지, 민들레는 민들레가 아니었다.

> 싹이 터도 민들레 잎이 나도 민들레
> 꽃줄기가 쏘옥 올라와도 민들레는 민들레
> (······)
> 꽃이 져도 민들레 씨가 맺혀도 민들레
> 휘익 바람 불어 하늘하늘 날아가도
> 민들레는 민들레

민들레는 언제까지나 민들레라는 것. 이 당연한 일이 말처럼 쉽지가 않다. 모든 시간 속에서 자기를 지키며 산다는 것이 그렇게 어렵다.

> 여기서도 민들레 저기서도 민들레
> 이런 곳에서도 민들레는 민들레

노란 꽃이 피고 동그랗게 홀씨가 되어야 민들레가 눈에 들어오는 나는, 싹이었을 때도 잎이 났을 때도 민들레가 민들레인 것은 잘 모른다. 하지만 여기서도 민들레 저기서도 민들레! 이건 내가 잘 알고 있다. 누가 말해서가 아니라 내가 다 보았고 지금도 날마다 보고 있다. 우리 집 골목길 보도블럭 틈에서도 보았고 시멘트 담벼락 사이를 뚫고 피어난 민들레는 볼 때마다 감동이다.
물론 내가 다 보았다고, 내가 안다고 해서 민들레의 삶이 쉬운 것은 아닐 것이다. 이런 곳에서도 저런 곳에서도 저절로 싹이 트고 잎이 나고 꽃을 피웠을 리 없다. 싹이 터도 잎이 나도, 그러니까 언제나 민들레였듯이 어디서나 민들레 역시 쉬운 것이 아니다. 그 어디에서든 나로 사는 일……
나도 그게 힘들어서 그만둔 것이 한두 가지가 아니었다.

혼자여도 민들레 둘이어도 민들레
들판 가득 피어나도 민들레는 민들레

사람이 사람답게 산다는 것은 자기의 시간 속에서, 공간 속에서, 그리고 관계 속에서 어떻게 그것들과 관계하며 사느냐의 맺음일 것이다. 시간과 나 사이, 공간과 나 사이, 그리고 인간 사이…… 그리하여 인간인 것. 이 셋 사이에서 나는 어디쯤에 있는 것이고 이 셋 사이에서 내가 나로 살아가고 있을까? 시간을 어떻게 맞이하고 보내는지, 때에 따라 철에 따라 어떻게 관계하는지를 아는 사람이 지혜로운 사람이며, 내가 있는 공간에서 무엇을 어떻게 해야 하는지에 따라 그 사람의 힘이 만들어진다고 한다. 언제든, 어디에 있든, 홀로 있든 누구와 있든 나를 잃지 않고 나로 사는 것 말이다.

마지막에 민들레는 홀씨가 되어 훨훨 날아오른다. 시간, 공간 그리고 사람들과 어떻게 관계 맺고 삶을 살아야 이렇게 하늘로 날아오를 수 있는지. 마지막 순간까지 홀씨가 되어 하늘을 날아가는 민들레의 마음이 되어 보는 순간이다. 그리고 민들레의 일생을 떠올려 본다.

민들레가 묻는 것만 같다.

너는

시간 속에서

공간 속에서

그리고 사람들 속에서

너로 살았는지.

민들레는 흙먼지 속에서 얼마나 숨이 막히고 온 힘을 다해 그 벽 사이에서 비집고 올라왔을까? 그렇게 민들레는 민들레가 될 수 있었을 것이다. 목숨을 다하고 홀씨가 되어야 또 다른 생명으로, 영원한 민들레로 이어지는 순간. 그래서 민들레는 민들레인 것이다.

중요한 사실은······.

어느 날인가, 아마 내가 다니던 대안학교의 문을 열기 전 체험 학교 때였을 것이다. 첫날 밤에 모두 함께 자게 되었다. 아이들이 잠자리에 들자 랜턴을 켜고 그림책을 읽어 주었다. 처음이라 나도 좀 쑥스러웠는데 생각보다 아이들은 가만히 들어 주었다. 새로운 학교에서의 첫날 밤 생각이 많았을 것이다.

그때 읽어 준 책이 마거릿 와이즈 브라운의 《중요한 사실》이었다. 리듬이 있어서 잠자리에 어울리는 책이라 고르기도 했지만, 이 그림책에는 내가 선생이 되고 싶은 까닭이 오롯이 담겨 있었다. 내가 선생이 되어 하고 싶은 이야기가 담겨 있는 책이었다. 그러니까 이 책을 읽어 주면서 나는 아이들 한 명 한 명과 약속을 하고 싶었던 것이다.

숟가락에 관한 중요한 사실은 숟가락으로 밥을 먹는다는 거야.

데이지에 관한 중요한 사실은 데이지가 하얗다는 거야.

비에 관한 중요한 사실은 비가 모든 걸 촉촉히 적신다는 거야.

그리고
너에 관한 중요한 사실은?
(……)
너에게 중요한 사실은 너는 바로 너라는 거야.
예전에 너는 아기였고,
무럭무럭 자라서 지금은 어린이이고,
앞으로 더 자라서 어른이 된다는 건 틀림없어.
하지만 너에 관한 중요한 사실은 너는 바로 너라는 거야.

그러니 너는 너로 살라고 내가 힘껏 도와줄 것이니 언제든 어디서든 누구와 있든 너는 너를 잊지 말라는 말이었다.
아이들은 여전히 민들레는 잡초! 싹이 터도 잡초! 잎이 나도 잡초! 잡초라고 소리친다. 내가 시간과 공간을 그리고 인간을 이야기해도…….
하지만 아이들은 민들레가 민들레가 되어 가듯이 무엇이 되어 가는 시간 속에서 자기 이름을 만들고 모양을 찾아갈 것이다. 그리고 중요한 사실은 이런 과정 속에서 꼭 지켜 내야 할 것이 있다는 것이다. 민들레가 자기 이름을 지켜 냈듯이 말이다.

제비꽃 다르고, 싸리꽃 다르고, 콩꽃이 다릅니다. 물 흐르는 소리도 다 다릅니다. 봄에 눈 녹아 흐르는 소리 다르고, 봇도랑 물소리 다르고, 개울물이 돌에 부딪혀 비껴 흐르는 소리가 다르지요. 눈으로 귀로 몸으로 그 모습을 정확하게 잡아내는 것, 참모습을 찾아내는 것이 바로 시 쓰기라 하겠습니다.
― 탁동철이 엮은 오색초등학교 아이들 시 모음 《까만 손》

자기를
만나는
시간

넉 점 반
―――――
윤석중 시
이영경 그림
창비
2004

뜨는 해와 지는 해를 보는 일

일본 여행 이틀째, 새벽부터 우리들은 약속이나 한 듯 다시 도서관을 찾았다. 여기서 '우리들'은 대부분 40, 50대 아줌마들이었다. 다른 일행보다 아침잠이 없어서였을까? 왜 우리들은 새벽부터 다시 도서관을 찾아 올라왔을까? 아마도 전날 밤에 보았던 《넉 점 반》을 다시 찾아 읽으려 했던 것 같다. 천천히 혼자서, 여럿이 속닥속닥 말이다. 다들 《넉 점 반》이 어디 있는지 찾았고 다시 한 번 읽어 달라고 했다. 어젯밤 그림책 《넉 점 반》이 주었던 그 행복감을 찾아서, 아니면 또 다른 《넉 점 반》 이야기를 찾아서 말이다.

'넉 점 반'은 '네 시 반'의 옛말로 윤석중 선생이 1940년에 쓴 동시를 이영경 작가가 2004년 그림책으로 탄생시켰다. 그런데 이 그림책을 일본의 산골에 있는 그림책 마을 도서관에서 만나다니……. 그것도 '넉 점 반'이 《よじはん よじはん(요지항 요지항)》이라는 일본어로 출판된 책으로 말이다. 생각지도 못한 일이었다.

우리는 일본 그림책 마을 여행 중이었고 첫 여행지는 미와자키 산골에 있는 키조 그림책 마을이었다. 미와자키는 일본의 남쪽 지방이고 키조 마을은 도시에서 한참 떨어진 숲 속에 있다. 마을 사람들이 모두 그림책 마을을 함께 만들어 가고 있었다. 말 그대로 그림책 마을 공동체다.

전날 도서관에서 쿠로키 촌장님과 만남의 시간이 있었다. 도서관에는 세계 여러 나라의 그림책이 있었는데 특별히 우리나라 그림책을 따로 모아서 보여 주셨다. 촌장님은 그림책 마을 만든 이야기를 하면서 놀랍게도 방정환 선생 이야기를 하셨다. 그리고 그림책 《넉 점 반》을 읽어 주면서 이야기를 이어가셨다. 한국에서 온 우리 일행 앞에서 《넉 점 반》 이야기와 방정환 선생의 '어린 동무들에게' 드리는 글 가운데 하나인 '돋는 해와 지는 해를 반드시 보기로 합시다'로 시작하는 것도 놀라운데, 그 이야기 속에 담긴 생각들은 말 그대로 놀라움이었다. 키조 그림책 마을 이야기 이

전에 어린이 이야기가 있었고, 또 그 전에 자연과 생명의 이야기가 이어졌다.

촌장님이 이 산골에 그림책 마을을 만든 까닭은 도시의 아이들에게 그림책도 중요하지만 뜨는 해와 지는 해를 보게 하고 싶어서였다고 한다. (하지만 다시 그림책 마을을 만든다면 산골이 아닌 사람이 많이 사는 도시에 만들고 싶다면서 산골에서 그림책 마을을 운영하는 어려움을 이야기해 주셨다.)

'뜨는 해와 지는 해'라니 생각지도 못한 방정환이었고, 잊고 있던 말이었다. 우리가 언제 뜨는 해와 지는 해를 보았는가? 일출과 일몰이라는 단어는 생활어가 아니라 여행에서나 떠올리는 여행 언어였다. 나에게도 까마득한 뜨는 해와 지는 해를 보는 일! 무슨 의미일까?

촌장님이 일본말로 말씀하시니 그 내용은 알 수 없었지만 무슨 이야기인지 다 알아듣는 것 같은 착각에 빠졌다. 뜨는 해와 지는 해로 상징하는 어린이와 자연 그리고 어린이 책을 이야기하는 모습에서 난 언어를 초월한다는 것을 경험했다. 곧이어 부촌장인 기레이 상이 읽어 준《녁 점 반》의 번역판인《よじはん よじはん》또한 일본말로 읽어 주셨는데 "よじはん よじはん(녁 점 반 녁 점 반)"을 읽어 주실 때 우리들은 절로 그 소리에 하나가 되어 따라 읽었다. 그림책의 힘이었고 문학의 힘이었다. 그리고 아름다운 사람들의 삶이 전해 주는 파동이었을 것이다.

《넉 점 반》속 여자아이가 심부름을 가다가 심부름 가는 사실을 잊고 물 먹는 수탉과 줄지어 가는 개미, 날아다니는 잠자리, 그러니까 자연에 빠져 자기를 잃어버리는 순간이야말로 어린 시절에 꼭 필요하다는 이야기였다. 그래서 이렇게 깊은 산골에 그림책 마을을 만들었다는 것이다. 아이들에게 뜨는 해와 지는 해를 보게 하려고, 그래서 시간을 잊게 하려고 말이다. 우리는 한 대 얻어맞은 듯한 충격이었다. 어른이 어린이를 위해 해야 할 일은 바로 자연 속에 한참 있게 하는 일이라고, 그래서 그림책 마을을 숲속에 만들었다니…….

다시 태어나면 돌멩이가 되어 모퉁이에 가만히 있고 싶다는, 그저 자연의 일부가 되고 싶다는 쿠로키 촌장님 말씀에 삶을 치열하게 산 자만의 고뇌와 자유가 느껴졌다. 어떻게 살아야 다음 생에 돌멩이로 태어나도 좋은지 난 엄두가 나지 않았다. 다만 일본에서 《태어난 아이》《100만 번 산 고양이》같은 책이 그냥 나온 것이 아니란 생각이 들었다.

쿠로키 촌장님은 키조 그림책 마을의 완성을 백 년을 목표로 시작했고, 뚝딱 세우는 마을이 아니라 하나하나 이야기를 만들면서 채우고 싶다고 했다. 먼저 산에 나무를 심고 그 산에서 물이 흐르면 그 흐르는 물을 모아서 농사를 짓고……. 백 년이란 말 속에는 오늘 하루하루가 그 속에 있음은 물론이었다.

무엇엔가 멈추어 본 아이만이

《넉 점 반》을 다시 읽었다. 어린이들은 머리가 아니라 가슴으로 책을 읽고, 어떤 책보다 산과 들과 별과 달…… 자연 속에서 함께하는 것이 더 소중하다는 촌장님의 말을 되새기면서 읽었다.

아기는 오다가 물 먹는 닭
한참 서서 구경하고

"넉 점 반
넉 점 반."

아기는 오다가 개미 거둥
한참 앉아 구경하고

"넉 점 반
넉 점 반."

아기는 오다가 잠자리 따라
한참 돌아다니고

"넉 점 반
넉 점 반."

아기는 오다가
분꽃 따 물고 니나니 나나나
해가 꼴딱 져 돌아왔다.

"엄마
시방 넉 점 반이래."

몇 시인지 물어보러 엄마 심부름 나갔던 아기가 물 먹는 닭 보다가, 개미가 줄지어 가는 것 구경하다가, 잠자리 따라 돌아다니다가, 분꽃 따 물고 노래 부르다가, 그만 해가 꼴딱 져 돌아온다. 그래도 시간은 잊지 않으려고 "넉 점 반/ 넉 점 반" 외우면서 말이다. 그런데 이 아이는 지금 시간이 흐른다는 것을 몰랐던 걸까? 아마도 그런 모양이다. 이 아이에게 시간은 뭘까? 그리고 우리는 왜 그 새벽에 도서관에 올라갔을까?

숲속 새벽 도서관에서 우린 《넉 점 반》을 한 장 한 장 넘겼고 넘길 때마다 깔깔거렸다. 내가 살던 마을이었고 내가 한 단발머리였으며 내가 한 심부름이었으니, 《넉 점 반》의 주인공은 바로 나였다. 어찌 다시 보고 싶지 않았을까?
심부름 가는 아이가 바로 나였다. 나도 처음 이 책이 나왔을 때 너무 놀랐다. 내가 세들어 살았던 집주인 할아버지 할머니가 점방을 하고 있었는데 그 점방 그대로였다. 다시는 못 볼 줄 알았던 가게 안 풍경에 훌쩍 시간을 넘어 1960년대 내가 살았던 시골로 날아갔다. 그런 사람이 나만은 아니었겠지.
우리 집은 디귿자 기와집 문간방에 세를 살고 주인 할머니와 할아버지는 점방을 했다. 나도 몇 시인지 알아 오라는 심부름을 했던가. 엄마에게 중요한 시간은 저녁 쌀 담그는 시간이었다. 아마 그즈음에 엄마가 몇 시인지 물었고 난 심부름을 가야 했다. 우리 집에는 시계가 없어서 나도 무엇을 사러 간 기억보다 엄마 심부름으로 "할아버지 지금 몇 시예요?" 물으러 가겟방을 넘었다. 우리 집에 시계가 들어온 것은 한참 후였는데 도시로 이사를 가고 난 1970년대 초였다. 나는 마루에서 내려와 대문을 지나 집을 돌아 안방 밖으로 나 있는 가겟방까지 한참 가야 했다. 1원에 4개 하는 고구마 과자를 사 먹으러 가던 일도 기억난다. 그림 한 장 속에

우리의 지난 50, 60, 70년대가 함께 있다. 아직 시간이 느리게 가던 시절이다.

아기는 처음엔 한참 서서 구경하고
그다음엔 한참 앉아 구경하고
그다음엔 한참 돌아다니고
마지막에는 니나니 나니나 부르며 돌아온다.

그사이 긴 여름 해가 꼴딱 져 버리고 말았다. 아이는 무엇을 하든 한참이다. 한참 서서 구경하고, 한참 앉아 구경하고, 한참을 돌아다닌다. 아이만이, 아이만이 아주 한참 할 수 있는 일이다.

아이들에게 이렇게 한참이나 할 수 있는 일이 있다니! 부럽고 놀랍다. 더구나 그것이 물 먹는 닭이며 개미 거둥이고 날아다니는 잠자리 그리고 해가 질 때 피어나는 분꽃을 보는 일이라니······. 지금은 잃어버린 시간이자, 쿠로키 촌장님이 하고 싶은 이야기일 것이다. 아이들이 무언가에 정신을 팔아야 한다면 제일 먼저 그건 자연이어야 한다고 말이다. 아이들이 시간이 훌쩍 지날 정도로 몰입한 까닭은 아마도 살아 움직이는 자연이 주는 힘 때문이고, 자연만이 아이를 멈추게 하고 노래 부르게 할 것이기 때문이다.

아마 이 시기가 지나면 개미도, 물 먹는 닭도, 그리고 해가 질 때 피는 분꽃도 다 당연하게 받아들이게 될 것이다. 지금 이 순간이다. 자연이 아이의 발길을 잡아당기는 가장 알맞은 때. 이때 빠져야 한다. 이렇게 무엇엔가 멈추어 본 아이만이 자기 삶을 만날 수 있다. 자기 삶을 만난 아이만이 자세히 볼 수 있고, 자세히 볼 때 놀라운 삶의 경이를 만날 수 있다. 아이는 지금 이렇게 자기 시간 속에 살고 있고 이렇게 자기 노래를 부르고 있는 것이다.

해가 꼴딱 져 돌아온 아이는 뭔가 이상한 것을 느낀다. 하지만 무엇이 잘못된 것인지 알 수 없다. 그래도 심부름을 기억해 내고는 "엄마/ 시방 녁 점 반이래" 한다. 맞다. 지금 이 아이는 네 시 반이다. 무엇을 찾아 이렇게 서고 앉아 돌아다니고 구경을 하다가 자기를 만난 아이의 시간이 바로 녁 점 반이다. 자기를 만난다는 것은 자기 흥을 만나는 것이고 그때 그 무엇에 정신을 팔았다는 말일 것이다.

어릴 적에는 해가 질 녘이면 동네마다 아이들을 '부르는 소리'가 있었다. 지금은 모두 사라져 버린 소리다. 무언가 놀이에 빠져 있던 아이들을 부르는 소리. 그때 아이들은 모두 자기 시간을 살고 있었다. 어쩌면 지금 아이들은 자기 시간을 잃어버린 채 살아가고 있는지도 모르겠다. 누군가 만들어 놓은 시간에 따라 움직이는 기계처럼 말이다. 그래서 촌장님은 깊은 산골에 그림책 마을을 만들었다. 도시의 아이들을 데려와 뜨는 해와 지는 해를 보게 하려고.

키조 그림책 도서관은 산으로 문이 열려 있다. 그 문으로 자연을 그대로 담아내고 있어서 그곳에서 책을 읽으면 하늘과 땅과 바람과 함께할 수 있다. 촌장님이 마을 사람들과 만든 프로그램 가운데 어둠 속에 길을 떠나는 프로그램이 있는데 밤의 경험도, 그때 만나는 아주 작은 생물도 다 아이들과 함께하고 싶어서였다고 한다. 자연 속에서 일어나는 일을 만나야 할 때가 바로 어린 시절이니까. 그래서 키조 그림책 마을은 천천히 만들어가고 있다. 천천히, 미래의 아이들이 다시 자연 속에서 인간성을 회복하는 일이 무엇보다 중요한 것이다.

자기를 만난 아이의 시간

학교에서 아이들과 함께했을 때 《넉 점 반》은 나의 18번이었다. 방학을 앞둔 마지막 수업에서 늘 이 책을 읽어 주었다. 기숙학교에서는 내 시간을 살기가 힘들다. 시간표대로 만들어진 시간을 살면서 나보다 남에게 맞추고 살다 보니 마음 하나 숨길 곳을 찾지 못해 힘들어하던 아이들에게 방학이야말로 해방구다. 그러니 꼭 자기만의 시간 '넉 점 반'을 가지라고 말이다. 학기 내내 앞으로 앞으로 가는 시간과 싸워 왔으니, 이제 멈추어 위로 오르는 시간과 무엇보다 내 안으로 들어가는 시간을 경험해 보라고 말이다.

난 1학년 여름방학에도 2학년 여름방학에도 어김없이 《넉 점 반》을 읽어 주었다. 방학이 주는 시간 동안 너만의 '넉 점 반'을 경험해 보라고. 세상이 만든 시간 속에서 자기를 소비하면서 살아간다면 이 세상 마지막에 무엇이 남겠는지 스스로에게 물어보라는 말도 덧붙였다.

《넉 점 반》 속 아이는 해가 지고서야 집에 돌아온다. 아이가 시간을 물으러 간 집은 바로 옆집이다. 점방 할아버지가 돌아오는 아이를 보고 있다. 아이는 아주 먼 길을 돌아온다. 그것도 아주 천천히. 어른들은 죽었다 깨도 못 하는 일이지만 아이들은 익숙한 일이고 무엇보다 우리 삶을 상징하는 일 같다. 우리가 아무리 애를 쓴다고 해도 삶이란 가장 가까이 두고 먼 길을 돌아오는 일은 아닐까?

하지만 이 아이는 심부름을 다녀오는 길이고 시방 몇 시인지 알아 오면서 자기의 시간을 만났다. 이 아이에게 몇시냐고 물어보면 "시방/ 넉 점 반"이라고 대답할 것이다. 그러니 멋지게 심부름을, 자기 목적을 다 이룬 게 아닌지! 집을 떠나고, 산 넘고 물 건너 먼 길을 돌고 돌아 제자리로 다시 오는 길, 어쩌면 태어나서 걷고 돌아다니다 다시 태어난 곳으로 돌아가는 일 그 자체인지도 모르겠다. 그 시간이 바로 넉 점 반이다. 아이는 반나절이 지나 제자리로 돌아온다. 아직도 넉 점 반이다. 아이는 그 시간 동안 길을 떠나고 마음껏 세상 구경을 하고 자기 자리로 돌아온다.

이것이 내가 아이들에게 이야기하고 싶은 시간이다. 앞으로 흐르는 것만 시간이 아니라, 위로 올라가는 시간과 내 안으로 들어가는 시간도 있어야 한다는 것. 하나 다음 둘이고 둘 다음 셋이 되는 시간도 필요하지만, 아무리 더해도 더해지지 않는 시간! 진짜 자기를 만나는 시간.

아이들은 이렇게 자연 속에서 생명 속에서 진짜를 나를 만난다. 시간 가는 줄 모르는 시간, 즉 시간을 잃어버리고 시간을 만난다. 그 순간이 바로 넉 점 반이다.

"넉 점 반
넉 점 반."

아무리 외워도 소용없겠다.

혼자가
되는
　　절대의 시간

까마귀 소년
―――――
야시마 타로 글·그림
비룡소
1996

드로잉을 배우는 이유

로트렉(Henri de Toulouse-Lautrec, 1864~1901)의 〈세탁부(The Laundress)〉라는 그림이 있다. 세탁대를 잡은 손을 보면 분명 일하는 손이 맞다. 그런데 세탁부의 눈은 어딜 보고 있는 걸까? 흘러내린 머리카락에 가려진 고단한 눈이 보고 있는 곳! 로트렉은 세탁부를 통해 무엇을 그리고 싶었을까? 세탁부가 보고 있는 것은 무엇일까? 어쩌면 로트렉은 세탁부가 보고 있는 곳, 그 창밖을 그린 것일지도 모른다.

난 지금 드로잉을 배우고 있다. 그림을 그리는 일은 남의 일이라 생각하고 한 번도 욕심 내거나 기웃거려 보지 않았는데 큰마음 먹고 드로잉을 시작했다. 내가 드로잉을 배우려는 건 잘 그리고 싶어서가 아니라 잘 보고 싶어서다. 그대로 그리는 법을 배우고 싶어서 드로잉을 배우기 시작했고, 그대로 그리고 싶어진 건 그대로 보고 싶어서였다. 그대로 보는 법! 할 수만 있다면 난 그대로 보고 싶다. 내가 제일 힘들어하는 것이기도 하다.

니체는 《우상의 황혼》에서 인간이 배워야 할 것 세 가지가 있고 이것을 배우는 데는 교육자의 도움이 필요하다고 했는데, 그 가운데 하나가 '보는 법'이다. 보는 법을 배워야 정신력을 배울 수 있고, 여기서 정신력은 반응에 즉각 반응하지 않는 힘을 말한다. 그래야 노예가 아닌 주인으로 살 수 있기 때문이라고 했다. 그러면서 우리의 눈이 오래 천천히 바라볼 수 있는 능력을 갖추게 하는 것, 그것이 생각하고 말하는 것의 시작이라고 했다. 그대로 또는 정직하게 보는 눈이야말로 사물 인식의 시작이고, 자세히 천천히 보는 눈이야말로 삶의 시작이고 예술의 시작이란 말일 것이다.

고흐도 피카소도 수천 장의 스케치가 있었고 세잔도 같은 산을 수백 번 그리고 그렸다고 한다. 그러니 수백 번 보았을 것이다. 수백 번 같은 산을 만났으나 수백 번 다른 산을 만났을 것이다. 같은 것을 수백 번 보는 것에서 사색이 시작되고 예술이 시작되었다.

The Laundress(1889) 캔버스에 유채

내가 이제까지 드로잉을 배우지 않은 것은 잘 그릴 자신이 없어서가 아니라 긴 시간 볼 자신이 없어서였다. 천천히 오래 보는 일처럼 나에게 힘든 일은 없다. 이제 드로잉을 시작한다. 그대로 잘 보기 위해서, 잘 만나기 위해서.

땅꼬마가 까마귀 소년이 되기까지

그림책 《까마귀 소년》을 처음 만난 날이 기억난다. 20년이 넘은 그때 처음 이 책이 나오고 얼마 뒤, 작은 자리에서 열린 겨울 연수였고 아주 추운 겨울이었다. 겨울밤 찬 마룻바닥에 앉아서 불을 끄고 차칵차칵 그림책이 슬라이드로 넘어가는데, 읽어 주던 사람도 듣던 사람도 모두 목이 메였다. 무슨 사연으로 울었는지 모두 저마다의 사연으로 자기 울음을 만났을 것이다. 그 책이 바로 《까마귀 소년》이었다. 이 책처럼 여러 가지 이야기로 읽을 수 있는 책이 있을까? 누군 왕따 이야기로, 누군 선생님 이야기로, 또는 자연이 주는 단단한 힘으로……. 난 이 책이 읽을 때마다 다르게 읽힌다는 것이 좋지만, 무엇보다 외롭고 쓸쓸했던 아이가 자연을 만나면서 본래의 자기를 찾아 뚜벅뚜벅 걸어가는 이야기가 참 좋다. 땅꼬마가 자연을 만나는 그 시간들, 그림과 글이 만들어 낸 까마귀 소년이 만났던 그 시간 자체가 좋았다.

까마귀 소년의 어릴 적 이름은 '땅꼬마'였다. 땅꼬마는 키도 작고 집도 가난하다. 작다고 놀림을 받았으며 공부할 때도 놀 때도 혼자고 아무도 거들떠보지 않는 외톨이였다. 땅꼬마는 혼자서 놀았다. 책상의 나뭇결을 살펴보고, 앞자리의 동무 옷 꿰맨 곳을 찾아내어 꼼꼼히 살피기도 한다. 혼자일 때 가능한 일들이다. 둘이면 절대 할 수 없는 일들이기도 하다. 혼자 있는 시간을 만들어 내자 땅꼬마에게 세상은 놀라운 것이 한두 가지가 아니었다. 땅꼬마는 누구도 듣지 못하는 소리를 들었고 누구도 보지 못하는 것을 보았고 누구도 만지기 싫어하는 것을 만졌다. 그대로 보았고 그대로 들었고 그대로 만졌다. 학교에 있는 꽃이란 꽃은 죄다 알게 되었고, 머루가 열리는 곳과 돼지감자가 자라는 곳이 어디인지 알게 되었다. 모두 오래 보아야 알 수 있는 것들이고 결코 아무나 볼 수 없는 것들이다. 자연도 그대로고 땅꼬마도 그대로다. 땅꼬마도 자연도 둘 다 거짓말을 하지 않고 속이지도 않는다. 그러다 땅꼬마는 까마귀 소리를 들었다.

맨 처음에 땅꼬마는 알에서 갓 깨어나온 새끼 까마귀 소리를 흉내 냈단다.

그다음에는 엄마 까마귀 소리를 냈어.

아빠 까마귀 소리도 냈지.

이른 아침에 우는 까마귀들 소리도 들려주었어.

마을 사람들에게 좋지 않은 일이 생겼을 때, 까마귀들이 어떻게 우는지도 들려주었지.

(……)

마지막으로 고목나무에 앉아 우는 까마귀 소리를 흉내 낼 차례가 왔어. 땅꼬마는 목구멍 깊은 곳에서 아주 별난 소리를 토해 냈어.

"까우우워워아악! 까우우워워아악!"

까마귀 소리라니, 누구에게 들리는 소리일까? 분명 누구에게는 들리고 누구에게는 들리지 않는 소리다. 그리고 이 소리는 언제 들리는 소리일까?

졸업반이 되었지만 아직도 땅꼬마라 불리는 아이. 하지만 지네와 굼벵이를 집어서 열심히 들여다보고 머루가 열리는 곳은 어디고 돼지감자가 자라는 곳은 어디인지 다 알고 있는 땅꼬마를 새로 온 이소베 선생님은 좋아했다. 아무도 없을 때 이야기를 나누곤 했다. 그러다 땅꼬마가 6년을 걸으면서 까마귀 소리를 들었다는 사실을 알게 되었다.

공부할 때도 놀 때도 늘 뒤처지고 꼴찌였던 아이는 이소베 선생님을 만나고 6학년 졸업 발표회에서 '까마귀 소리'를 발표한다. 땅꼬마는 6년을 하루도 빠짐없이 먼 산길을 따박 따박 걸어 넘으며 까마귀 소리를 들었다. 하루도 빠짐없이, 혼자서 말이다. 이른 아침에 우는 소리, 갓 깨어난 새끼 까마귀 소리와 아빠 까마귀 소리, 까마귀들이 즐겁고 행복할 때 내는 소리와 목구멍 깊은 곳에서 내는 별난 소리까지 다 들었다. 그러면서 자기 마음의 소리까지 듣는다. 6년 동안 혼자 걸으며 들었던 그 소리를 흉내 내자 사람들은 이제 땅꼬마를 '까마귀 소년'이라고 부른다. 6년 동안 이름이 없던 땅꼬마는 이렇게 자기 이름을 멋지게 만들어 낸 것이다.

까마귀 소년에게는 자기만의 시간이 있었다. 물론 혼자만의 시간이었다. 외롭고 쓸쓸했을 것이다. 그런데 이 혼자만의 시간이 이름을 만들어 냈다. 책상의 무늬도 만나고 벌레도 만나고 새소리도 만나는 자기만의 시간. 자기만의 시간이 충분해야 결정적인 시간을 만들어 내고 절대의 시간을 만날 수 있다.

'땅꼬마'를 '까마귀 소년'으로 만들어 준 것도 그 절대의 시간이었다. 아침저녁 6년을 들었다. '이 순간을 보는 법' 아니 '이 순간을 듣는 법'이 필요하다. 니체가 말했듯 이 순간을 보고 듣는 법을 아는 자만이 사색할 수 있고, 그런 자만이 자극에 반응하지 않고 그 시간의 주인으로 살 수 있다. 더구나 그것이 자연을 보고 듣는 것이라면 더 이상 무엇이 필요할까?

이소베 선생님과 건호

며칠 전 건호에게 연락이 왔다. 꼭 가고 싶은 대학에 원서를 넣으려고 하는데 자기소개서를 읽어 봐 달라고 했다. 이 대학에 가려고 학교까지 그만두고 준비했으니 그 마음이 오죽하랴 싶었다.

건호는 내가 중1 때 담임했던 아이다. 내가 근무했던 학교는 입학할 때 가정방문을 한다. 그게 아이를 이해하는 데 가장 빠른 방법이기도 하고, 기숙 대안학교에 입학한다는 것은 학교만 다니는 게 아니라 학교가 곧 집이 되어 생활을 하기 때문에 살아온 환경을 이해하는 것이 필요하다. 그 시작이 가정방문이다. 그래서인지 중1 담임은 각별하다. 집을 한 번 다녀온 것이, 그날 만났던 건호를 잊을 수가 없다. 까마귀 소년이 입학할 때 담임선생님이 가정방문을 한 번만 했다면 이야기는 어떻게 되었을까? 선생님이 그 아이가 걸었던 산길을 걸었다면…….

건호가 집을 떠나 기숙학교에 들어오기로 마음먹은 가장 큰 이유는 물론 부모님의 맞벌이였다. 그런데 건호와 이야기하면서 보니 건호는 도시의 집도 학교도 모두 답답해했다. 학교가 시골에 있으니 자연 속에서 살고 싶다고 했다. 나무 동물 달 별…… 이런 것들이 좋았으니 집에서는 침대나 소파에 붙어서 밖에 잘 나오지 않았다. 마치 나무에 매

달린 코알라 같았다. 그런 아이가 밖으로 나오면 펄펄 날았다. 그래서인지 웬만한 산이며 자연을 찾아 떠나는 어려운 여행을 즐겼고 자전거 하이킹은 기본이었다. 내가 집에 갔던 날도 신이 나서 여행 영상을 보여 주었다. 앞으로 다닐 학교에서는 이렇게 살 수 있을 거라고 했다. 폭설에 갇힌 한라산 여행이며 동남아 트레킹같이 조용한 야생의 자연을 좋아하는, 속으로 뜨거움이 있는 그런 아이였다.

학교에서의 일 년이 그랬다. 건호는 1학년 내내 같은 모습이었지만 같은 날이 없었다. 책 읽기 수업 시간이면 건호 때문에 야외 수업 한 번 나갈 것을 두 번 나가야 했고 산속을 헤매기도 했다. 종례 시간이면 자리에 없는 건호를 찾아다녀야 했는데, 건호는 자주 학교 앞 작은 개울에 있었다. (물론 교탁 앞에서 뒹굴며 싸우는 날도 있었지만.)

나무란 나무는 죄다 알고 있었다. 나무의 이름을 알고 있었다는 것이 아니라 거기에 있는 그 나무를 알고 있었다. 어느 날은 운동장에서 앞산을 바라보고 있는 건호를 보고 "건호야 뭐 해?" 했더니 "저 산중턱 보이세요?" 하며 손으로 가리켰다. "저 나무에 새가 있어요" 한다. 멀고 가깝고 보이고 안 보이고가 아니라 건호 눈에 보이는 것들이 분명 있었다. 내 눈에는 보이지 않는 세상. 저 멀리 산속의 새집을 기막히게도 찾아내더니 거꾸로 봐야만 보이는 향나무 속

새집이며 마을 우체통 속에 낳은 새끼 새들 이야기를 해 주었다. 건호를 따라 우체통으로 갔더니 빛이 들어가면 안 된다며 아주아주 살짝 그것도 나만 보여 주었다.

아직도 산수유꽃을 꽂고 다니던 모습이며 맨발로 쪼그리고 앉아 잔디를 심던 모습, 고개를 숙여 나무 속을 들여다보던 모습이 생각난다. 저 멀리 앞산 숲속에서 새둥지를 찾아 손짓하던 아이. 그러던 건호가 학교를 그만두었다. 고3 올라가던 해 물리학을 전공하고 생명과학을 공부하고 싶어 했던 건호는 공부가 부족한 현실 앞에 학원을 선택하고 말았다. 꽃을 사랑하고 나무를 사랑하고 새를 사랑했던, 누구보다 약한 사람에게 보였던 건호의 마음……. 그 마음을 살릴 곳이, 그런 건호를 받아 줄 현실이 우리에겐 없었다. 그런 건호를 도와주지 못했다.

《까마귀 소년》을 읽을 때마다 건호가 생각난다. 땅꼬마에겐 이소베 선생님이 있었다. 땅꼬마가 보고 들었던 세상을 그대로 보고 들어 주었던 이소베 선생님. 이소베 선생님의 도움으로 자기를 찾고 자기를 사랑하게 되면서 자기 이름을 갖게 된 까마귀 소년 이야기가 우리 현실에서는 어렵기만 하다. 과학은 무조건 100점이던 건호는 우리 현실에서는 아무 이야깃거리가 되지 못했다. 무엇을 하고 싶어도 똑같이 영어와 수학을 해야 하는 게 세상의 법칙이니까. 그 영어와 수학을 더 많이 해서 과학자가 되려고 학교가 아닌 학원으로 떠난 아이.

학교를 졸업하고 읍내 장에 나온 까마귀 소년이 집으로 돌아가고 나면 산길에서 까마귀 소리가 들린다고 했다. 행복한 까마귀 소리였다고. 그러니 이제 까마귀 소년은 행복한가 보다. 지금 강화도 입시 학원에서 영어 수학과 싸우고 있는 건호도 행복하겠지. 건호도 자기 이름을 만들기 위해 외로운 시간들을 보내고 있겠지. 이런 건호와 함께할 이소베 선생님이 있었더라면 어땠을까?

이 순간을 오래도록

드로잉 수업을 하러 길을 나선다. 오늘은 삼각형 뿔을 그리는 날이다. 나는 먼저 삼각형 뿔을 오래 보아야 하고 오래 보다 사랑하게 될 것이다. 까마귀 소리를 오래 들어 준 아이, 누구의 눈에도 보이지 않던 산에 살고 있는 새둥지를 알려 주던 건호!

나는 드로잉을 배워 밖으로 나가 자연을 그리고 내가 만나는 아이들을 그리고 싶다. 봄이 되면 밖으로 나가 새로 움트는 것들을 그리고 싶다. 아니 사랑하고 싶다. 존 러스킨의 말처럼 최고의 드로잉 스승은 바로 문밖의 나무와 언덕이라고 믿는다. 그리고 난 알고 있다. 최고의 스승이 바로 우리 아이들인 것을. 땅꼬마가 보았던 꽃밭 그리고 그 시간들과 혼자였던 순간……. 자세히 보면 그들을 만난 것이다.
이 아이들을 본다.
그리고 이 순간을 본다.

꽃과
무덤

100만 번 산 고양이
―――――――――
사노 요코 글·그림
비룡소
2002

누군가의 고양이로 사는 일

처음 학교에서 책 읽기 수업을 했을 때 그래도 대안학교라서 좀 여유롭게 책을 읽게 될 줄 알았다. 그런데 아무리 대안학교라도 학교라는 곳이 참으로 팍팍하게 돌아가는 곳이었다. 일주일에 한 번 있는 수업 시간에 여유롭게 그림책 한 권을 읽거나 돌아가며 《몽실 언니》를 읽는 일은 생각보다 힘들었다. 그 팍팍함 속에서 시간을 내어 더 천천히 읽고 이야기하자고 했건만 지금 생각하면 아쉬울 뿐이다.

해마다 3월 학기 초에는 신입생들과 함께 '나는 누구인가?'란 주제로 그림책을 읽었다. 그리고 한 학기는 권정생 동화를 읽었다. 권정생 동화를 읽는 첫날에는 EBS에서 선생님의 삶을 다룬 〈정생〉을 보았고, 《우리들의 하느님》 첫 장에 나오는 '유리 걸식처럼 떠돌며'를 돌아가며 읽었다. 좀 어렵지 않을까 싶은데도 아이들은 숨을 죽여 보고 읽는다.
"내가 죽으면 화장해서 내가 살던 언덕에 뿌리고 집도 깨끗이 태워 자연에 돌려주세요."
당장 아이들이 묻는다.
"그래서 저 집 다 태웠어요?"
"태웠는데 어떻게 갈 수 있어요?"
권정생 동화를 읽고 5월에는 선생님이 살던 빌뱅이 언덕 오두막을 함께 오르자 약속했기에 묻는 것이다. 유언을 따라 집을 다 태웠는데 어떻게 집에 갈 수 있느냐는 것이다.
생각지도 못한 질문에 나는 졸지에 저 깊숙이 묻어 둔 이야기를 꺼내야 했다. 미처 준비하지 못한 이야기여서 당황스러웠지만 선생님을 화장해서 뒷산 어머니 아버지 무덤가에 뿌린 이야기, 집은 그대로 남겨 두어야만 했던 그 어려웠던 이야기를 말이다. 지금 생각해도 참 힘든 판단이었을 텐데, 마땅히 선생님 유언을 따라 선생님도 집도 다 태워 빌뱅이 언덕에 뿌렸어야 했는데……. 자연에서 왔으니 자연으로 돌려보내드려야 했는데 참 지키기 힘든 유언이었다. 선생님은 늘 우리에게 이렇게 어려운 숙제를 주신다.

선생님은 살아 계실 때도 돌아가시고 나서도 우리를 힘들게 한다. 살아 계실 때 감히 따라 할 수 없는 삶의 원칙으로 고개를 못 들게 하시더니(세상의 전쟁은 석유 때문이니 자동차를 타고 오려면 선생님 집에 오지 말라고 하셨던 이야기는 너무 유명하다.) 돌아가셔서까지 지킬 수 없는 유언으로 꼼짝 못하게 하셨다. 태워 버렸어야 할 선생님의 집은 말 그대로 나에겐 유언이 아닌 무덤이 되어 남아 있다. 다만 자연으로 돌아가며 아무 흔적조차 남기지 않으려 했던 선생님 마음을 헤아려 볼 뿐이다. 그리고 난 아이들에게 《100만 번 산 고양이》를 읽어 주었다. 무슨 마음이었는지 남은 선생님 집 이야기를 하다가 《100만 번 산 고양이》가 생각났다.

참 많이도 읽어 주었던 책이다. 일본의 어느 어린이책 비평가는 《100만 번 산 고양이》를 백만 번 읽어 주는 책이라고 이야기하면서, 그렇게 되면 세상이 좀 더 평화로워질 거라고 했다. 나도 백만 번 읽어 주려고 한다. 아이들에게도 어른들에게도 그리고 나 자신에게도 말이다.

한때 고양이는 임금님의 고양이였습니다. 고양이는 임금님을 싫어했습니다. (……)
한때 고양이는 뱃사공의 고양이였습니다. 고양이는 바다를 싫어했습니다. (……)

한때 고양이는 서커스단 마술사의 고양이였습니다. 고양이는 서커스 따위는 싫었습니다.

사노 요코의 《태어난 아이》가 이 세상과 상관하고 싶지 않아서 태어나지 않았다면, 《100만 번 산 고양이》는 백만 번이나 죽었다가 백만 번 다시 태어난다. 백만 번이나 다시 태어나 살았어도 그건 산 것이 아니었다. 임금님의 고양이였고 뱃사공의 고양이였으며 또 서커스단 마술사의 고양이였다. 누군가의 고양이였기에 살아도 산 것이 아니라 죽어도 울지 않았다. 태어나도 자신과 아무 상관이 없는 삶이었다. 자기 삶이 마음에 들지 않았다. 그래서 태어나고 또 태어나고 백만 번 태어난다.

어느 날 고양이는 개에게 물려 죽고 말았습니다.
도둑은 훔친 다이아몬드와 고양이를 껴안고 소리 내어 엉엉 울면서 어두운 밤거리를 걸었습니다. 그리고 집으로 돌아와 좁다란 뜰에 고양이를 묻었습니다.

(……) 고양이를 묻었습니다.

(……) 고양이를 묻었습니다.

고양이가 죽고 다시 태어나고 또 죽고 다시 태어나는 이야기를 읽고 있는데 앞자리에서 가만히 듣고 있던 주하가 혼잣말처럼 이야기한다.
"그럼 무덤이 백만 개네요?"
무덤이라니! 이 책을 읽고 이야기할 때 처음 만나는 단어였다. 그러고 보니 고양이의 무덤은 백만 개였다. 백만 번이나 다시 태어났고 그때마다 누군가의 고양이였고, 고양이가 죽자 그를 사랑했던 사람들은 아쉬움에 그를 기억하려고 묻어 주었다. 그때마다 무덤이 생겼다. 임금님이 만들어 준 무덤, 뱃사공이 만들어 준 무덤, 서커스단 마술사가 만들어 준 무덤…… 백만 개의 무덤.
남은 자에게 무덤이 필요했다. 그래서 백만 번 산 고양이는 백만 개의 무덤이 있다.

　한때 고양이는 누구의 고양이도 아니었습니다.
　도둑고양이였던 것이죠.
　고양이는 처음으로 자기만의 고양이가 되었습니다. 고양이는 자기를 무척 좋아했습니다.
　어쨌든 고양이는 멋진 얼룩 고양이였으므로, 멋진 얼룩무늬 도둑고양이가 되었습니다.

그러던 어느 날 드디어 고양이는 누구의 고양이도 아닌 자기만의 고양이가 된다. 자기만의 고양이가 되자 고양이는 자기를 무척 좋아하게 되었다. 자기를 사랑하게 되자 고양이는 흰 고양이와 사랑에 빠졌고 이제는 자기 자신보다 흰 고양이와 새끼 고양이들을 더 사랑하게 되었다. 나를 사랑하자 남도 사랑할 수 있게 된 것이다. 그리고 드디어 고양이는 진짜 죽을 수 있었다.

그러고는 두 번 다시 되살아나지 않았습니다.

책의 마지막 문장이다.
선생님은 집을 태워서 흔적을 남기지 말아 달라고 했지만 우리는 집을 태우지 못했다. 선생님은 다해서 살았지만 우리들은 그러지 못했기 때문인지, 그 집이 필요했다. 선생님의 집은 나에게 선생님의 무덤이 되었다. 그리고 난 그 집을 찾아간다고 수선인 것이다.

다시 태어날 필요가 없어질 때

고양이가 죽은 자리에 고마리꽃 한 송이가 피었다. 멀리 마을이 보인다. 이제 무덤은 필요 없고 무덤 대신 꽃 한 송이 피었을 뿐이다. 무덤 대신 꽃이라니, 꽃으로 피어난 고양이는 다시 태어날 필요가 없겠구나. 다시 태어날 필요가 없는 자에게 무덤 따윈 필요 없을지도 모르겠다. 이렇게 무덤 대신 꽃인 것이다. 무덤은 그저 남은 자들의 몫일 뿐.

선생님은 다해서 살았기에 한 송이 꽃이면 족하셨을 텐데, 우리들은 아쉬워서 오두막 한 채 남겨 두었다. 권정생 선생님 동화 속 주인공 '강아지똥'은 민들레 한 송이를 피워 냈고, 동화 속 주인공 누구도 마땅한 무덤 하나 없는데 말이다. 그들의 삶이 그랬다.

고양이는 백만 번의 삶과 죽음 끝에 드디어 꽃 한 송이로 남았다. 나는 이제 선생님 집이 꽃으로 보인다. 노란 민들레 한 송이로 보인다.

나는 이 봄에 꾸역꾸역 그 골목길을 오를 것이다. 선생님의 삶에 무엇이 아쉬운지 모르겠다. 그리고 난 얼마나 더 죽지 않고 다시 태어날 텐가, 묻는다.

어른이 된다는 것

할머니가
읽은 책은?

책 읽기 좋아하는 할머니
존 윈치 글·그림
주니어파랑새
2000

나도 할머니가 된다

조카 다솔이가 일곱 살 때 일이다. 어느 날 텔레비전 야구 중계를 보다가 묻는다.

"이모, 박찬호 결혼했어?"

그때 한창 LA다저스에서 활약하고 있던 박찬호 선수는 어린아이들까지 다 아는 전국 최고의 스타였다. 공을 던지는 박찬호를 한 번 보고 다시 나를 한 번 보더니 또 묻는다.

"이모, 박찬호 결혼했어?"

"아니, 안 했어."

"이모 박찬호랑 결혼하면 안 돼?"

전국 최고의 스타이자 곧 전국 최고의 신랑감 박찬호라니 누가 들을까 봐 남사스러워 그만 얼결에 "어, 이모는 결혼 안 할 거야" 하고 말았다. 조카는 "그래" 한다. 별로 놀라지도 않는다.

"근데 결혼 안 하면 할머니 안 되잖아."

이 말에 도리어 내가 놀란다.

"무슨 소리야? 결혼 안 해도 할머니 될 수 있어!" 했더니 이번엔 골똘히 생각하더니, "아하, 그럼 결혼 안 하면 이쁜 할머니 되겠네" 한다.

생각도 해 보지 않았던 '나와 할머니' 이야기가 시작되었다. 아니 결혼 안 하면 할머니도 될 수 없는 거였나? 더구나 '이쁜 할머니'라니 이건 또 무슨 뜻이람? 하긴 일곱 살 조카에게 뚱뚱한 할머니인 우리 엄마도 그렇고 세상의 할머니들은 이쁘지 않겠다.

생각해 보니 결혼 하나 안 하면 하지 못하는 것도, 되지 못하는 것도 너무 많다. 할머니도 못 되고 말이지. 할머니란 이름을 갖게 되는 것에도 자격이 있었다니, 일곱 살 우리 조카 마음속에는 어디까지 할머니이고 어떤 할머니가 살고 있는지 모르겠다. 또 나이가 들었다고 다 할머니가 되는 것도 아닌가 보다.

사실 요즘 난 할머니에 관심이 많다. 다 그림책 때문이다.

결혼을 하지 않았으나 조카가 말하는 그 이쁜 할머니가 될지도 모르겠고. 그런데 다른 건 몰라도 할머니를 주제로 한 그림책이 눈에 들어오기 시작하면서 할머니란 말이 주는 의미를 생각하게 되었다.

할머니의 세계와 어린이들의 세계는 맞닿아 있는 것이 많다. 그래서인지 둘은 통한다. 많은 그림책 작가가 할머니를 통해서 하는 말과 그림은 은근하게 나를 설득한다. 할머니들이 들려주는 이야기를 듣다 보면 마음이 흔들리곤 하는데, 그 흔들림에서 지금 내 결핍을 읽어 내고는 한다.

작가들이 그림책으로 하고 싶은 말이 있다면 그 말은 무엇일까? 아이들에게 하고 싶은 말이 있다면, 이 말을 하는 데 가장 어울릴 사람은 아무래도 할머니들 같다. 긴 인생을 살아와 조금은 뒤에서 볼 수 있는 사람만이 할 수 있는 말이 필요할 것인데, 그들이 바로 할머니들인 것이다. 그러다 보니 그림책 속 할머니들은 다 내가 꿈꾸는 할머니들이다. 책 읽기 좋아하는 할머니도 그랬다. 마치 숲속에 사는 한 명의 현자처럼 다가와 먼저 내 가장 아픈 부분을 건드려 주었다.

할머니, 새로운 삶을 시작하다

책 읽기 좋아하는 할머니가 있다. 할머니는 도시가 점점 복잡하고 소란스러워지자 시골로 이사를 가기로 한다. 시골은 조용해서 책 읽기 좋을 거라 생각했나 보다. 아마 도시에서 일어나는 많은 일들에 마음을 빼앗기고 싶지 않았고 인생의 마지막에 하고 싶었던 일들을 하고 싶었는지도 모른다. 그것이 좋아하는 책을 실컷 읽는 일이었나 보다. 내가 꿈꾸는 삶이기도 하다. 아직은 꿈일 뿐이지만.

할머니는 도시를 떠나 시골로 간다. 할머니의 이삿짐은 온통 책뿐이고 할머니는 책 읽을 생각뿐이다. 그런데 할머니가 막상 시골로 이사를 가니 생각지도 못한 일들이 기다리고 있다. 먼저 낡은 집이 기다리고 있었고(사실 내 걱정이기도 하다), 집 안의 일도 일이지만 집 밖의 일들이 한두 가지가 아니다. 아무도 살지 않는 빈집인 줄 알았는데 닭이며 도마뱀 칠면조 같은 동물들이 자기 집처럼 살고 있고, 집 밖에는 당장 갈아야 할 밭이 기다리고 있다. 손봐야 할 낡은 집과 배고픈 양들도 찾아오고 돌봐야 할 동물들이 할머니를 기다리고 있었던 것이다. 시골의 주인은 따로 있었고 할머니는 이들과 함께 살아야 했다.

여름이 되자 할머니는 이제 책을 읽을 수 있으리라 생각했지만, 이번엔 다 익은 과일이 기다리고 있다. 다 익은 과일을 그냥 두고 볼 수는 없는 일이다. 과일을 따서 잼을 만들어 다음 계절에 먹을 수도 있지만 무엇보다 할머니는 과일을 거두어야 하는 것이다. 이런 것들이 할머니 눈에는 해야 할 일이 아니라 거두어야 할 식구들이었다. 더구나 계절의 일이 따로 없는 도시와는 달라서 시골에는 봄의 일이 있고 여름의 일이 있다. 때를 놓치면 안 된다. 할머니는 함께 사는 동물들을 못 본 척할 수 없었고 거두어야 할 과일도 마찬가지였다. 뿐만 아니라 비가 안 와도 걱정, 비가 많이 와도 걱정이다. 그래서 할머니는 가을에도 제대로 책을 읽지 못했다. 늘 책을 가지고 있었지만 읽지 못했다. 생각지도 못한 시골에서의 삶이다.

이 책을 쏘냐 이모님께 읽어드렸다. 67세의 쏘냐 이모님은 러시아에서 온 고려인 3세인데 내가 근무했던 학교 식당에서 일하셨다. 우리말이 서툰 할머니에게 그림책을 읽어 주면서 우리말을 살살 알려드렸다. 우리말도 우리말이지만 외로운 할머니와 그림책을 가지고 이 얘기 저 얘기 하고 싶었다. 말이 통하지 않아 얼마나 답답하실까 싶어 그림책으로 말을 걸고 싶었다. 더구나 할머니가 주인공이 아닌가! 살던 곳을 떠나와 새로운 삶을 시작한 할머니 말이다.

그런데 주인공 할머니가 가방을 들고 시골로 이사를 가는 장면부터, 더구나 책을 읽으러 조용한 시골로 간다고 하자 쏘냐 이모님은 눈을 동그랗게 뜨고는 답답해하셨다. 다른 그림책을 읽어 주면 늘 조용히 듣기만 하더니 어쩐 일인지 그날은 "왜 시골에 이사를 가?" 놀라며 물어보기까지 하셨

다. 주인공 할머니가 할 일이 많아 책을 읽지 못하자 그것 보라는 듯한 얼굴이 되었다.
"그러니까 시골 살면 안 돼요. 책 못 읽어요."
"나 시골에 살아 봤어요. 일 아주 많이 해야 해요."
이모님은 계속해서 시골 살면 안 된단다. 시골에 오래 살아 봤다고, 시골은 일하는 곳이지 책 읽기엔 좋은 곳이 아니라고 떠듬떠듬 손사래를 치며 온몸으로 말이다.
쏘냐 이모님 말이 맞았다. 시골에 사는 일은 혼자 조용히 책 읽으며 혼자 조용히 먹고사는 일이 아니었다. 시골에는 많은 생명들이 살고 있었고 그들과 같이 살아야 한다. 또한 서로 거두어 주어야 한다. 그것이 시골에 사는 일이다. 그러니 보통 일이 아니다. 그걸 알고 있는 쏘냐 이모님은 《책 읽기 좋아하는 할머니》 이야기에 펄쩍 뛰는 것이다.

할머니가 읽은 책은?

드디어 겨울이 왔고 할머니는 책을 읽을 수 있었다. 책 읽는 할머니 표정이 행복해 보인다. 눈을 지그시 감고 손을 가슴에 얹고 무엇보다 봄 여름 가을을 함께한 동물 가족들과 같이 있다. 할머니에게 겨울이 찾아왔지만 사실은 할머니가 만들어 낸 계절이다. 이 겨울은 할머니가 열심히 일하며 살아온 지난 봄 여름 가을 다음에 찾아온 인생의 시간이기도 할 것이다.

사실 할머니는 봄 여름 가을에도 열심히 읽었다. 쓰러져가는 집을 읽어야 했고, 배고픈 동물들을 읽어야 했으며, 곡식을 심을 때와 거둘 때를 읽어야 했다. 시골은 읽어야 할 것이 많았고 할머니 눈에는 다 읽어야 할 책이었다.

《책 읽기 좋아하는 할머니》의 원래 제목인 'The Old Woman Who Loved to Read'를 그대로 번역하면 '읽는 것을 사랑하는 할머니'라고 해야 하나? '읽기'라고 했으니 이건 보나마나 책 읽기가 맞을 것이다. 그래서 《책 읽기 좋아하는 할머니》가 알맞을 것 같다. 하지만 조금 억지를 부려 보자면 여기서 읽는다는 것은 책만이 아닌 것 같다.

《읽는다는 것》이란 책이 있다. 이 책에서 글쓴이는 《벌거벗은 임금님》 이야기로 '읽는다는 것'의 의미를 이야기하고 있는데, 신하에게 속아 벌거벗고 행진하는 임금님을 아이들은 사실 그대로 보았고 본 그대로 "임금님이 벌거벗었다"고 외쳤다. 정직한 아이들 마음이다. 칭찬받아야 마땅하다. 하지만 글쓴이는 어른들의 입장을 조금 다르게 생각해 보았다. 왜 임금님이 벌거벗었는데 옷을 입은 것처럼 당당하게 행진할까? 혹시 입었다고 생각하는 건 아닐까? 지금 내가 벌거벗었다고 말하면 임금님이 얼마나 무안할까 싶어서 속아 준 것은 아닐까? 그러니 어린이들이 벌거벗은 임금님을 그대로 '본 것'이라면, 어른들은 벌거벗은 임금님을 본 것이 아니라 보이지 않는 임금님의 마음을 '읽었다는 것'이다. 읽는다는 것은 단지 글자를 눈으로 보이는 대로 읽는 것이 아니라 보이지 않는 것도 보는 것! 곧 이것이 읽는 것이라는 말이었다.

책을 읽는다는 것은 보이지 않는 행간도 읽는 것이고, 무엇보다 읽는다는 것은 결국 책을 읽고 읽어서 지금 내 앞에 있는 것을 읽어 내는 것이라는 이야기다. 책 읽기를 좋아하는 할머니는 지금 내 앞에 있는 것을 읽었을 뿐이다.

그러니 '읽는다는 것'과 '듣는다는 것'의 배후에는 '산다는 것'이 자리하고 있다. 할머니의 읽는다는 것 뒤에도 이렇게 삶이 있고 그것이 읽기를 좋아하는 할머니가 사는 법이다. 할머니는 책 대신에 동물의 배고픔을 읽어 주고 씨앗을 뿌리고 거두며 계절을 읽고 자연을 읽는다. 할머니가 봄, 여름을 읽고 겨울을 준비하는 일은 바로 생명을 읽는 일이고, 지금 내 눈앞에서 일어나는 일을 읽어 주는 일이다. 그러니 할머니에게 세상은 읽어야 할 커다란 책인 것이다.

책을 읽는 것과 세상을 읽는 것이 하나임을 아는 할머니는 아직은 우리 현실에서 만나기 힘든 할머니의 모습이다. 더구나 조용한 생활을 위해 홀로 시골로 내려가는 할머니라니. 우리 조카 눈에는 어떻게 보일지 몰라도 내 눈에는 이쁘게만 보인다.

할머니가 주인공이거나 할머니가 나오는 그림책을 읽으면서 할머니가 점점 좋아진다. 현실에서 만나는 할머니들 때문에 좌절할 때가 많고 그래서 난 아직 할머니는 한 박자 쉬고 만나야 하지만, 이제 마음의 준비까지는 필요하지 않다. 도리어 말을 걸고 싶다. 어느 순간 나에게 현자의 모습으로 다가오는 그림책 속 할머니들. 말 그대로 크고 큰 어머니, 세상을 만들고 기르는 어머니들의 가장 큰 어머니, 결코 누구의 할머니가 아니라 모두의 할머니들이다.

생각해 보면 그림책에 할머니들이 많다는 게 전혀 이상하지 않다. 언제부턴가 난 그림책 작가들을 가수나 영화배우 좋아하듯 좋아하게 되었는데, 작가들이 만들어 내는 그림책 한 권은 세상 전체를 담은 듯 깊기만 하다. 그들은 글과 그림으로 삶의 정수를 전하고 싶어 하고 그것을 위해 최선을 다하는 듯하다. 작가가 살면서 알게 된 모든 것을 그 다음 세대에 전하고자 할 때 그 내용을 전하는 데는 할머니가 가장 어울렸을 것이다. 다 살아 보니 귀한 것, 그래도 잊지 말아야 할 것들을 인생의 마지막에 전하는 것이니 얼마나 정직한 것일까? 살아오면서 가장 귀한 것을 전하고 싶을 때 나오는 말들이 그림책이 되고, 이것을 자연스럽게 말할 수 있는 주인공이 할머니인 것이다. 나이 드는 것은 또 다른 눈으로 세상을 읽을 수 있게 되는 것이고 할머니만이 할 수 있는 일이 있다. 그림책 한 권에는 이렇게 할머니의 할머니로부터 전해진 삶의 진리가 담겨 있다.

지금도 자기 자리에서 무언가를 읽고 있을 할머니들. 할머니들이 읽는 것은 자식들의 목숨뿐만 아니라 봄 여름 가을 겨울, 곧 살아 있는 모든 것의 생명은 아닐까? 그러니 책 읽기 좋아하는 할머니에게, 그리고 할머니들에게 읽는다는 것은 다른 사람이 되어 보는 일이기도 하다. 어디 사람뿐일까? 할머니는 사막의 길 잃은 동물이 되기도 하고 허물어진 낡은 집이 되기도 하여 그 많은 것들을 거두고 먹인다.

러시아에서 온 쏘냐 이모님의 꿈은 하느님 나라를 전하는 선교사였다. 하지만 지금은 시골에 있는 작은 학교 식당에서 일하신다. 진짜 선교는 하느님 나라를 전하는 것보다 배고픈 사람에게 밥을 먹이는 일이라고, 그것도 한창 자라는 아이들에게 밥을 양껏 먹이는 일이라고 말이다. 쏘냐 이모님 역시 할머니다.

나도 할머니가 되고 싶다. 읽는 것을 사랑하는 할머니. 우선 우리 집을 자기 집인 줄 알고 시도 때도 없이 찾아오는 고양이도 읽어 주고 올가을엔 꽃씨도 읽어 보아야겠다. 그런데 어쩌랴. 고양이를 챙기는 일도 꽃씨를 거두는 일도 다 몸으로 읽어야 하는 일이니. 그러니 결혼 안 하면 할머니

못 된다는 조카 말이 나에겐 맞을지도 모르겠다. 아! 시골엔 못 가도 도서관에 가서 작정해 두었던 책부터 읽어야지.

얘들아,
차 마실
시간이야

검피 아저씨의 뱃놀이
───────────────
존 버닝햄 글·그림
시공주니어
1996

영미씨, 밥 먹으러 갑시다

오랜만에 제주도에 사는 후배 명숙이와 통화를 했다. 이래도 되나 싶게 우리는 연락을 안 하고 살고 있다. 명숙이는 대뜸 제주도냐고 묻는다. 이제 명숙이는 제주도 가는 만큼 만나고 살아야 하는 건가 보다. 한때 어린이도서연구회에서 같이 공부할 때는 일주일에 한 번씩 만나 공부도 공부지만 무슨 일이든 다 이야기하던 사이였는데……. 명숙이는 내 목소리가 그대로라고 한다. 다행이다.

초등학교 도서관에서 계약직으로 일하는 이야기부터 아직도 난 명숙이가 애 엄마라는 사실이 익숙하지 않아서 조금

늦게 물어보는 아들과 딸 이야기(아직도 명숙이가 결혼한 사실이 한 박자 늦게 생각난다). 명숙이 두 아이가 몇 학년인지, 이름이 뭔지 생각이 잘 나질 않는다. 갑자기 이래도 되는 건지, 그렇게 친하게 지냈는데…….

나도 내 이야기를 시작한다. 이번 주에는 김중철 선배가 금산에 강의를 와서 오랜만에 선배의 그림책 강의 들은 이야기, 그것도 2주 연속 네 번 강의를 듣고 그래서 네 번의 밥을 함께 먹은 이야기를 해 주었다. 선배하고 네 번이나 함께 밥을 먹다니……. 내가 언제 또 이렇게 선배와 함께 밥을 먹을 수 있을까, 싶었다는 이야기.

예전에 명숙이와는 참 많이도 밥을 먹었는데 이제 밥 한 번 먹지 못하는 거리가 새삼스러웠다. 중철 선배한테 밥을 사 주려다 도리어 네 번이나 밥을 얻어먹었다고 하자 명숙이도 선배가 얼마 전 제주도에 강의하러 내려와 아이들 밥 사 주고 사인해서 가져온 책도 주고 장난감도 사 준 이야기를 한다. 용돈도 줬다던가? 그러고는 마지막 말이 이렇다.

"언니, 애들이 고른 탁상시계는 못 사게 했어야 했는데 내가 좀 과했어……. 그치, 언니."

"야, 말도 마! 강의 마치고 대전 계룡문고에 갔는데 나를 카페에서 기다리게 하고는 책을 한 보따리 사왔더라. 만화책 세 권하고 그림책, 나한테 알맞은 책이 생각났다면서 또 잠깐만 하더니 서점으로 가고……. 《신과 함께》라는 만화책은 꼭 읽어야 한다고 했는데 이미 집에 있다고 극구 사양했다니까."
가만히 듣던 명숙이가 그런다.
"언니, 김중철에게 우리는 뭘까?"
"그러지 마, 명숙아. 눈물이 날라 한다."
명숙이도 전화 끝에 "언니. 나도 눈물이 날라 해" 한다.
다 밥 때문이다. 함께 밥이 먹고 싶어서.
서울에서 같이 어린이책을 공부할 때 우리에게 늘 밥을 사주던 선배. 선배가 "자, 밥 먹으러 갑시다" 하면서 우리를 이끌고 나서면 골목길을 쫄래쫄래 따라가던 일이 생각난다. 그래서였는지 선배가 없을 때면 백수에 대학원에서 공부까지 하는 명숙이의 밥값을 기쁘게 내주었다. 다 선배에게 배웠다. 우리는 늘 이렇게 함께 밥을 먹었다. 지금도 사무실이 있던 시청 앞 좁은 밥집 골목이 눈에 선하다.
이번 선배의 그림책 강의는 밥 먹는 이야기였다. 그림책에는 밥 먹는 이야기가 많다. 아이들의 세계는 어찌 보면 먹고 노는 세계이고, 아이들이 제일 좋아하는 것도 좋아하는 이야기도 먹는 이야기다. 그러다 보니 먹는 그림책 이야기가 많다. 그것도 다 함께 밥 먹는 이야기. 시절이 그래서인지 아이들 밥 먹는 그림책 이야기가 더 다가왔다.

《지하 100층짜리 집》에서는 지하 100층까지 한 층 한 층 내려가는 것도 재미있지만 100층까지 내려가 친구들과 모두 모여 거북이 생일잔치를 하는 것이 더 신나는 일이다. 《구리와 구라의 빵 만들기》는 들쥐 형제 구리와 구라가 숲속에서 주운 달걀로 카스텔라 빵을 만들더니 곳곳에서 온 동물들과 사이좋게 나눠 먹는 이야기다. 들쥐가 프라이팬 뚜껑을 열면 노란 카스텔라가 나오는데 아이들은 절로 박수를 친다. 이런 판타지가 없는 것이다. 《커다란 순무》에서도 할아버지를 도와 고양이 강아지 생쥐가 힘을 모아 순무를 뽑아서 한 식탁에 둘러앉아 사이좋게 순무를 나눠 먹는다.

함께 밥을 먹고 싶어
사랑하는 그대와 함께
한 밥상에 둘러앉아서
사는 게 별거야
혁명이 별난 거야
사랑하는 사람들끼리 하늘 땅에 떳떳이
따뜻한 저녁밥을 함께 먹는 거지
나 생을 바쳐 얼마나 열망해 왔어
온 지상의 식구들이 아무나 차별 없이
한 밥상에 둘러앉은 평화로운 세상을

아 함께 밥 먹고 싶어!

— 박노해, '한 밥상에'에서, 《사람만이 희망이다》

혁명이 별거 아니라 함께 밥상에 둘러앉아 밥을 먹는 것이라 하니, 이 그림책 어린이 주인공들은 날마다가 혁명이고 평화로운 세상을 위한 혁명가들이겠다. 음식을 두고 함께 먹는 일이야말로 파티고 축제다. 파티가 별건가! 함께 모여 밥을 먹는 일이다. 아이들은 모두 촛불을 끄고 파티를 시작한다. 어른들이 할 일은 파티를 할 수 있도록 도와주는 일일 것이다.

어린이들은 무엇보다 먹는 것에 관심이 많고 그 관심을 채워 주는 그림책을 좋아한다. 그런데 혼자 맛있게 먹었다는 그림책을 아직 보지 못했다. 물론 영·유아 그림책 가운데는 혼자서 먹고 또 먹고 끊임없이 맛있게 먹는 이야기도 있지만 모두 모여 함께 나누어 먹는 이야기에서는 박수가 터져 나온다.

어린이들이 가장 좋아하는 이야기가 먹는 이야기인 것은 어쩌면 너무 당연한지도 모르겠다. 그것이 바로 생명이고 생명을 지키려는 본성일 테니까. 아주 어린 아가들도 이 생명을 지키려는 것이고 그림책의 먹는 이야기를 통해서 그 마음을 채우고 있는 것이다. 뿐만 아니라 내 앞에 있는 친구들의 생명도 지켜 주고 싶어 혼자가 아닌 여럿이 나누어서 함께 먹는다. 물론 함께 먹는 일은 최고로 즐거운 일이기 때문일 것이다.

어린이들도 이 생명의 근본을 알고 있는데 얼마 전 한 도지사는 내 아버지 어머니인 가난한 할머니 할아버지들을 위한 의료원을 폐쇄하더니, 이번엔 학교는 밥 먹으러 가는 곳이 아니라며 공평하게 밥값을 내라고 한다. 기다렸다는 듯 급식비를 안 낸 학생은 밥을 먹지 말라는 고등학교 교감 선생님. 그리고 문자로 항의하는 학부모에게 이렇게 문자로 항의할 돈 있으면 밥값을 내라며 아이들에게 공짜를 가르치면 안 된다고 거침없이 이야기하는 사람들은 몽땅 어른들이고 교육자들이다.

내가 살고 있는 대전에서 그림책 모임을 만들었다. 평균 나이 오십쯤 되려나. 4월 첫 모임에서는 《검피 아저씨의 뱃놀이》를 읽고 이야기를 나눴다. 우리는 그림책 이야기를 하다 책을 덮고 "밥 먹으러 갑시다" 하고는 일어선다. 내가 같이 그림책을 읽는 이유는 함께 밥을 먹고 싶어서인 것이다.

애들아, 차 마실 시간이야

검피 아저씨는 강가에 살고 있다. 어느 날 배를 끌고 나온 아저씨에게 동네 아이 둘이 태워 달라고 하자, 아저씨는

"서로 싸우지만 않는다면" 하고는 태워 준다. 그다음 토끼가, 고양이가, 강아지가 태워 달라고 하는데, 검피 아저씨는 토끼에겐 깡충깡충 뛰면 안 된다, 강아지에겐 고양이를 못살게 굴면 안 된다, 돼지에겐 배 안을 더럽히면 안 된다 하면서도 모두 태워 준다.

차례차례 올라타고 뱃놀이가 시작된다.

하지만 그럴 리가 있나? 아이들이 싸우지 않을 수 없고, 토끼가 뛰지 않을 수 없으며, 돼지가 지저분하지 않을 수 없다. 아저씨도 알고 있었을 것이다. 아이들은 싸우지 않을 수 없으니 약속을 지킬 수가 없다는 것을 말이다. 아저씨의 금기는 곧 멋지게 어긋나고 아저씨의 금기는 금기가 아니라 허용이었다. 더구나 아저씨는 어떻게 될 것인지 알고 있는 듯하다. 하지만 상관없는 것이다. 놀이터가 된 검피 아저씨의 배는 얼마 못 가 뒤집히고 모두 강물에 빠지고 말았다. 물에 빠진 검피 아저씨와 동무들은 강기슭으로 올라와 따뜻한 햇빛에 몸을 말린다. 검피 아저씨는 말한다.

"다들 집으로 돌아가자. 차 마실 시간이다."

강물에 빠진 배를 끌고 가뿐하게 나와 햇빛에 몸을 말린 일행은 이제 한 줄로 줄지어 아저씨 집으로 돌아간다.

아저씨와 동무들 열둘은 둘러앉아 차를 마신다. 케이크와 과일이 있고 차가 있다. 어느새 아저씨는 양복으로 갈아입고 차를 마신다. 식탁에 앉은 모습이 모두 그럴싸하다. 꼭 예수님과 함께한 열두 명의 제자들 같다. 최후의 만찬을 하는 듯 공평하고 누구 하나 빠지지 않는 열둘이다. 멀고 가까움도 없이 비슷한 크기로, 어른도 아이도, 사람도 동물도, 토끼도 고양이도 개도 염소도 모두 같아 보인다.
차 마시며 놀다가 해가 지고 달이 떠오르자 아이들은 집으로 돌아간다. 검피 아저씨는 문가에서 아이들에게 손을 흔들며 말한다.

"잘 가거라. 다음에 또 배 타러 오렴."

빈말이 아닐 것이다. 검피 아저씨는 어린 동무들이 싸울 줄 알고 있었으며, 토끼가 깡충깡충 뛰어다닐 줄 알았으며 돼지가 더럽힐 줄 알았으면서도 배를 태워 주었다. 무엇보다 배를 타고 싶어 하는 아이들의 마음을 알고 있었던 것이다. 그리고 모두를 집으로 데려가 차를 준비한다. 차 마실 시간을 준다. 차나 한잔! 그 시간을 주는 것이다.
아이들을 위해 차를 준비하고 대접해 본 일이 있는지 모르겠다. 차는 어른들이 마시는 것이고 차 마시는 시간은 어른들의 시간이다. 하지만 아저씨에게 어린이와 동물 친구들은 동등하고, 아저씨가 깍듯하게 초대한 손님이다. 아이들도 손님대접을 받아야 한다.
뛰지 말고 더럽히지 말라고 했지만 검피 아저씨야말로 그대로 보아 주는 어른이다. 장난치는 아이들을 그리고 뒷발질하는 염소와 더럽히는 돼지를 있는 그대로 인정해 준다. 그리고 아이들에게 차를 주고 함께 차를 마신다. 아이들과 차 마시고 싶은 어른이 된다는 게 그리 쉬운가!

"얘들아, 차 마실 시간이야(It's time for tea)."

차 마실 시간! 참 기분 좋은 말이다.
차 마실 시간. 차 마실 시간. 얘들아, 차 마실 시간이야.
《검피 아저씨의 뱃놀이》를 읽고 내가 제일 좋아하는 말이 되었다.
아이들과 무슨 차를 마실까? 월요일 수업마다 맛난 차를 준비하고 차에 어울릴 꽃잎도 준비하고 차와 마실 과자도 하나씩 준비하고는 했다. 우리 아이들과 꽃그늘 아래 모여 앉아 차를 마시는 것도 좋았다. "얘들아, 차 마실 시간이야" 하면서.
난 검피 아저씨를 닮은 중철 선배에게 "영미씨, 밥 먹으러 갑시다"를 배웠고, 검피 아저씨처럼 "얘들아, 차 마실 시간이야"라고 말하는 것을 좋아한다. 어른인 나에게 최고의 손님은 바로 아이들이고 그 아이들과 차 마시는 시간은 최고의 선물이다.

나는 검피 아저씨 같은 어른이 되고 싶다. 아이들에게 차 마실 시간을 주는 어른. 물론 함께 말이다.

내 이야기 만들러

훨훨 간다

권정생 글
김용철 그림
국민서관
2003

좁쌀 한 됫박

김장성 글
이윤희 그림
사계절
2010

왜 길을 떠났을까?

먼 여행을 다녀왔다. 떠날 때는 여러 번 타야 할 비행기 생각에 책부터 챙겼다. 읽고 싶었던 소설책과 옛이야기책《왜 주인공은 모두 길을 떠날까?》부터 챙겼다. 길 떠나는 내 마음도 살펴보고 내가 지금 왜 길을 떠나는지 이제는 스스로 답을 찾고 싶었다.

학교에 있을 때 졸업생 아이들이 먼 여행이나 군대라도 간다고 연락이 올 때면 늘 멋있게 말했다.

"길을 떠나는 건 다른 사람이 되려고 떠나는 거지. 그러니 어떤 사람이 되고 싶은지 잘 생각해 봐라. 떠날 때의 나 그대로 돌아온다면 집에 가만있지 뭐하러 떠나야 하지? 그러니 부디 아무 일도 없이 무사히 돌아오지 말라고!"
온갖 멋을 다 부리며 했던 말이다. 난 늘 무사히 돌아오면서 말이다. 어디 그뿐이랴. 여행은 빛을 보고 오는 거라며—그러니 관광(觀光)이라고 하잖니?—내가 밝으면 다른 밝음이 보이지 않거든. 그러니 나를 다 내려놓고 떠나야 하는 거, 그게 바로 여행이거든…… 어쩌구저쩌구.
나도 이런 내가 싫었다. 오랫동안 그랬다. 그런데 이젠 나도 그냥 갔다 오기가 싫었나 보다. 떠나는 일도 그냥 돌아오는 일도. 무엇보다 왜 떠나야 하는지부터 해결하고 싶었다. 인생에서 길 떠나는 일이 여행만은 아닐 것이다. 다니던 직장을 그만둔 것도 새로운 일을 시작하는 것도 내겐 다 분명함이 필요했다. 나에게도 길 떠나는 일이 중요했고 허투루 떠나고 싶지 않았고 앞으로 내 여행을 아끼고 싶었다. 무엇보다 나 스스로 명백한 여행을 하고 싶었다.
여행에서 돌아오자마자《왜 주인공은 모두 길을 떠날까?》를 따라 옛이야기 주인공들, 그들이 떠난 그 마음부터 확인하고 싶었다. 그들은 왜 모두 길을 떠났을까? 그리고 길을 떠난 옛이야기 주인공 한 사람 한 사람을 만나기 시작했다. 너무 유명한 옛이야기 그림책《훨훨 간다》는 옛이야기〈이야기로 도둑 쫓은 사람〉에서 시작되었다. 이 이야기를 권정생 선생님이 다시 글로 쓰고 김용철 선생님이 그림으로 그려서 《훨훨 간다》라는 멋진 제목의 옛이야기 그림책이 되었다. 처음 그림책이 나왔을 때 우리가 마냥 알고 있는《해와 달이 된 오누이》《반쪽이》《콩쥐 팥쥐》같은 익숙한 그림책들과 주제나 정서가 달라 신선했던 기억이 있다.

이야기를 좋아하는 할머니는 새로운 이야기를 듣고 싶어서 할아버지에게 정성껏 짠 무명 한 필을 주면서 장에 가서 이야기로 바꿔 오라고 한다. '할머니가 얼마나 이야기를 좋아했으면' 그랬을까 싶지만, 나는 '이 할머니, 할아버지가 얼마나 답답했으면' 그랬을까 싶다. 할머니는 이야기도 이야기지만 할아버지를 집 밖으로 내보내고 싶은 것이다. 거기엔 다 이유가 있을 것이고 여기서 이야기는 단순히 이야기만은 아닐 것이다.

그런데 영감님도 순순히 집을 나선다. 무명 한 필과 이야기를 바꾸는 일은 누가 봐도 말이 안 되는데 순순히 길을 떠난다. 그러니 할아버지에게도 선선히 길 떠나야만 하는 이유가 있을 것이다. 할아버지는 자기가 무엇이 부족한지 알고 있다. 그래야 귀한 무명 한 필과 이야기 한 자락은 바꿀 수 있는 것이다.

우리나라 옛이야기는 부재에서 시작한다. 주인공들에게 무언가가 없어야 한다. 이야기가 없고 색시가 없고 약이 없고 복이 없고…… 그래야 시작된다. 하지만 없다고 해서 다 이야기가 시작되는 건 아니다. 내가 무엇이 없는지 알아차릴 때 이야기는 시작된다. 할아버지는 자신에게 무엇이 없는지 알아차리고는 할머니가 챙겨 준 무명 한 필을 들고 길을 떠난다.

난 어떤 이야기를 들었을까?

옛날에 참말로 복 없는 총각이 살았습니다.

다시 읽어도 읽는 내가 한숨이 나온다. 참말로 복 없는 총각이라니 그 어떤 비극적인 주인공보다 비극이 더 현실적으로 들린다. 이 옛날이야기를 들려주면 첫마디부터 여기저기서 '허걱' 소리가 들린다. 아이들은 그렇지 않은데 어른들은 이 한마디에 격하게 반응한다. 스스로 복이 없다고 생각해서일까? 앞으로 펼쳐질 이야기가 기가 막혀서일까? 아니면 이거 너무한 거 아니야? 말 그대로 참말로 복 없는 총각이라니 도대체 어쨌길래? 뭐 이런 마음과 내 지지리 복 없는 이야기도 기가 막힌데 복 없는 주인공이란 말이지, 하는 소리가 들리는 듯하다.

옛날에 참말로 복 없는 총각이 살았습니다.

어찌나 복이 없는지,
나무장사를 나서면 한겨울에도 갑자기 날이 따뜻해지고
짚신장사를 나서면 마른날에도 갑자기 비가 쏟아졌습니다.
그러니 사는 게 형편없었습니다.
좁쌀죽 한 사발로 하루 끼니를 때웠지요.
서른 넘도록 장가를 못 든 건 당연했습니다.

복이 없다니 이건 내 이야기가 아닌가? 나무장사를 하면 날이 따뜻해지고 짚신장사를 하면 마른날에도 비가 온단다. 얼씨구! 이런! 그러니 하루 좁쌀죽 한 끼에 서른이 넘도록 장가도 못 갔겠지. 말이 그렇지 하루 좁쌀죽 한 끼라니……. 여기에 더 이상 무슨 희망이 있을까? 복 없는 총각은 큰 결심을 하고 길을 떠나기로 한다. 자기가 무엇이 없는지 비로소 알게 된 것이다.

"서천서역국에 부처님이 산다던데,
찾아가서 복을 내놓으라고 떼라도 써 봐야겠다."

그러니까 총각은 떼쓰러 가는 것이다. 그것도 부처님께 말이다. 많은 옛이야기 주인공들이 길 떠나는 이야기를 들어

봤지만 떼라도 써 보겠다고 떠나는 주인공은 처음이다.
여기서 수많은 생각들이 지나간다. 떼라도 써야 했는데 떼도 써 보지 못한 일들. 생각해 보니 그때 떼라도 썼다면 어찌 됐을까 싶은 일들. 결과와 상관없이 떼는 썼어야 하는데 싶은 일들……. 그리고 난 무조건 이 두 주인공 편이 되었다. 옛이야기는 이런 것이다. 무조건 자기 편으로 만들어 버리는 재주가 있다. 근사한 무엇을 찾아서가 아니라 떼라도 쓰겠다는 말에 반하고 말았다. 그 말 속에 담긴 삶의 절실함 말이다. 이렇게 절실함이 길을 떠나게 하는 것이겠지.
할아버지와 총각의 길 떠나는 이야기는 이렇게 시작된다. 그러나 할아버지는 이야기를 사지 못하고 터덜터덜 집으로 돌아온다. 무명 한 필을 준다고 해도 이야기를 팔겠다는 사람이 없다. 복을 찾아 집을 나선 총각도 아무 소득 없이 돌아온다. 하지만 부처님을 만나러 가던 길에 만난 인연들의 이야기가 이야기를 만들어 낸다. 혼자 외롭게 사는 과부, 신선이 되지 못한 동자승, 승천하지 못한 이무기를 만나서 그들의 이야기를 다 들어 준다. 그리고 마침내 서천서역국에 도착한 총각은 부처님께 떼를 쓰다 복을 더 받으려면 남의 복을 빼앗아야 한다는 말에 그만 아무 소리 못 하고 돌아서는 것이다.
할아버지와 총각 둘 다 길 떠나는 분명한 목적이 있었다.

하지만 할아버지는 아무 이야기도 듣지 못한 채 돌아오고 총각도 자기 팔자를 고치지 못했다. 다만 서천서역까지 가는 길 하나하나가 이야기들이다. 과부의 이야기를 듣고 동자승의 이야기를 듣고 이무기의 이야기를 듣는다. 그러니 길을 떠난다는 것은 다른 사람들의 이야기를 듣는 것이다. 그러니 내 여행은 무슨 이야기를 들었는지가 되겠다. 난 무슨 이야기를 들었을까?

이 옛날이야기 두 편을 들려주면 모두 깔깔거린다. 할아버지를 따라 '훨훨 간다'라고 따라 하기도 하고 총각과 과부의 처지에 한숨짓는다. 그렇다고 심각하지는 않다. 뺏고 빼앗기는 대결도 없다. 다만 이야기로 시작해서 이야기로 끝나는 이야기 그림책에 빠진다.

그러고 보니 두 편 모두 이야기에 관한 옛이야기들이다. 할아버지는 누가 봐도 억울한 내기인 무명 한 필과 이야기를 바꾸어 도둑을 물리치고, 총각은 남의 이야기를 정성껏 들어 주다가 복을 받는다. 여기에 이야기의 비밀이 있다.

이야기가 뭐길래 이야기를 사러 떠나야 하고 남의 이야기를 들어 주고 복을 받을까? 이야기가 뭐길래 할머니와 할아버지는 귀한 무명 한 필과 이야기 한 자락을 바꾸는 계산을 하는 것일까?

이야기를 전하는 일, 내가 해야 하는 이야기

얼마 전 대전의 한 서점에서 작가와 만나는 자리가 있었다. 모임 며칠 전에는 미리 모여서 돌아가며 책을 읽어 보자는 낭독회 이야기까지 나왔는데 난 작가와의 만남만 참석했다. 작가와의 만남 후에야 낭독회도 함께했으면 참 좋았겠다는 생각이 들었다.

《아름다운 그이는 사람이어라》는 책 제목을 김민기의 노래에서 따왔는데 세월호 이야기라고 했다. 작가는 세월호가 바다에 가라앉고 난 다음 하던 일을 다 멈추게 되었다고 한다. 약속되어 있던 소설은 물론이고 어떤 글도 쓸 수 없었고 아무 일도 할 수 없었다고 한다. 그날 우리 학교에는 한 학부형이 달려와 아이를 데려갔다. 바닷속에 잠긴 세월호를 보는 순간 아이를 학교에 둘 수 없었다고 했다. 난 학부형이 온다는 소리에 도망을 치고 말았지만 그 몇 달 후에는 일이라는 핑계로 계획대로 유럽 여행을 떠났다.

작가는 아무 일도 못 하다 만난 한 어머니 이야기를 시작했다. 어찌해 세월호와 관련된 일을 하게 되었는데, 그 일은 그날 이후 돌아오지 못하는 아이들 방을 사진으로 남겨 두는 세월호 기억 프로젝트 작업이었다. 그날도 사진작가와 함께 한 아이의 방을 찾게 되었다. 사진작가가 아이가 없는 아이의 방을 다 찍고는 방의 불을 끄고 나와 거실에서 차를 마시게 되었는데, 밖이 어두워지기 시작하자 어머니는 아이 방에 들어가 불을 켰다고 한다. 그날부터 지금까지 하루도 빠짐없이, 해가 지면 이렇게 아이의 방에 불을 켠다고. 아이가 아직 돌아오지 않았는데 방에 불을 끌 수 없다고 했단다. 아마 지금 이 순간에도 엄마는 해가 지면 아이 방에 불을 켤 것이라고.

작가는 그 어머니를 보면서 세월호 이야기가 아직 시작도 하지 않았음을 알게 되었고 무엇보다 자신이 지금 무엇을 해야 할지 알게 되었다고 한다. 그래서 세월호 이야기를 시작하게 되었다고 했다. 《거짓말이다》《그래서 그는 바다로 갔다》는 그래서 나온 책이다.

이 이야기를 들은 날은 여행을 떠나기 전날이었고 나는 부랴부랴 내가 일하던 학교에 이 책 세 권을 보냈다. 이 이야기가 누구보다 또래 아이들 속에서 살아나길 바라는 마음이었다. 나도 이야기를 전하고 싶었고 이 책을 소리 내어 돌아가며 읽는 낭독회를 하고 싶었다. 그날 아이들 이야기가 사람들 마음속에 바람처럼 전해지고 꽃처럼 피어나길 바라는 마음으로.

이야기를 전하지 않는다는 건 세상과 소통하기를 그친다는 뜻이다. 스스로 고립되어 외롭고 우울하고 답답해지게

될 터이니 해로운 일이 아닐 수 없다. 말은 '이야기를 가둔
다'고 했지만 그것은 실제로는 '나를 가두는 것'과 다르지
않다고 할 수 있다.

옛날 얘길 그걸 듣구서는 누귀한테 가 얘길 안 하면 얘기
가 굶어 죽어. 그러면 얘기가 굶어 죽는다구. 그러, 괜히 살
(煞)이 되면 안 돼. 그러니까 얘길해요.
— 신동흔, 《삶을 일깨우는 옛이야기의 힘》

해야 할 이야기를 하지 않는 일은 나를 가두는 일이라 한
다. 또한 하고 싶은 이야기를 전하지 않으면 이야기가 굶어
서 죽는다 한다. 이야기는 살아 있는 것이고 계속 살아 있게
하려면 우리는 전해야 한다고. 이야기를 하지 않는 것은 나
를 가두는 일이라니……. 나를 가두면 어떻게 되는 걸까?
'옛날옛날에-' 하고 시작하는 옛이야기는 옛날의 이야기가
아니다. 이야기를 하고 있는 지금이고 이야기를 듣는 지금
이며 여기이다. 옛이야기만이 아니다. 모든 이야기는 지금
여기의 이야기가 된다. 그래서 김탁환 작가는 세월호 이야
기를 시작했고 난 이 이야기를 전하고 있는 것이다. 세월호
이야기는 단순한 사고가 아니라 이 시대가 만들어 낸 우리
의 이야기다. 그러니 우리는 알아야 한다.

내 이야기 없이 산다는 것

옛이야기에는 수많은 사람들이 오랫동안 살면서 만들어 낸 우리 민족만의 삶의 원형이 있다. 누구보다 《훨훨 간다》의 할머니는 그 삶의 비밀을 알았던 것 같다. 할머니가 아니라 할아버지에게 이야기가 필요했다. 그래서 정성껏 짠 무명을 할아버지 손에 쥐어 주며 이야기를 사 오라고 장에 보냈을 것이다. 그러니 할아버지는 이야기를 사러 장에 간 것이 아니라 자기 삶을 만들러 떠난 것이다. 남의 이야기를 듣고 이야기를 사 오는 일이야말로 할아버지에게 필요한 일이며 자기 삶이었던 것이다. 무명 한 필과 이야기 하나, 누구에겐 계산이 나오지 않는 억울한 계산법이지만 할아버지 할머니의 계산법은 다르다. 옛이야기 속 계산법이기도 하다. 그러나 할아버지는 아무 이야기도 사지 못하고 집으로 돌아온다. 할아버지는 어디로 가는 걸까? 이야기 한 자락 사지 못하고 집으로 돌아가는 모습이 내 눈에는 집으로 돌아가는 것으로 보이지 않는다. 어쩐지 이 세상에서 다시 저세상으로 돌아갈 때, 태어난 곳으로 다시 돌아갈 때 바로 그 순간처럼 보인다. 우리가 돌아갈 때 필요한 것은 무엇일까? 그것의 다른 말은 '나는 얼마나 내 이야기를 만들었을까?'라는 말이 아닐까 싶다. 할아버지는 그것을 알고 있었고 그래서 이렇게 이야기를 사러 길을 떠났을 것이다. 이제 할아버지에게는 《훨훨 간다》 이야기가 있다. 할아버지를 장에 보낸 할머니야말로 지혜로운 어른이다.

자기 이야기 하나 만들지 못하고 정말 이대로 돌아가도 좋은가? 《훨훨 간다》의 할아버지와 《좁쌀 반 됫박》의 총각은 오늘도 집을 나선다. 이야기를 만들러, 그것도 혼자서 간다. 그래야 만나는 사람들의 이야기를 잘 들을 수 있기 때문이다. 그래야 내 이야기를 시작할 수 있기 때문이다.

자기 이야기를 만들며 사는 사람은 이렇게 길 떠나는 삶인 것을 배운다. 예수도 부처도 길을 떠나 숲으로 사막으로 나갔다. 그들에겐 모두 이야기가 있다.

주인공은 왜 모두 길을 떠날까?

이제 답할 수 있을 것 같다. 자기 삶을 살아야 자기 이야기를 만들 수 있고, 그래서 떠나는 것이라고.

할머니가 할아버지를 시장에 보내며 내심 바랐던 것은 다른 사람들의 이야기를 들어 보라는 뜻이었을 것이다. 이야기는 그냥 듣는 것이 아니라 함께 만드는 것이며 그것이 바로 내 이야기라고 말이다. 그래서 만들어진 이야기가 《훨훨 간다》다. 복 없는 총각도 다른 사람의 이야기를 듣기만 한 것이 아니라 부처님께 들려주었다. 들은 이야기를 들려만 주어도 답을 찾을 수 있으니, 총각은 부처님의 말을 전했을 뿐이지만 사실은 총각의 말이기도 한 것이다. 이야기는 너를 살리고 나를 살리는 것이니, 이야기 만들러 길을 떠나야 하는 것이다.

할아버지와 총각이 만들어 낸 이야기를 오늘도 들려주었다. 복 없는 총각 이야기를 시작하자마자 아우성치는 후배들을 본다. 좋은 이야기도 많은데 왜 하필 이런 이야기를 들어야 하냐며 화를 내는 동생의 마음을 읽는다. 아마 이 이야기가 필요해서일 것이다.

나도 길을 떠났다. 그리고 돌아왔다. 난 무슨 이야기를 들었을까? 내 무명 한 필은 무엇이었을까? 그리고 난 어떤 떼를 썼을까?

하루하루를
살고
쓰고

HENRY WORKS
헨리는 일해요
D.B. 존슨 글·그림
Houghton Mifflin Company
2004

다른 사람이 되어 보는 일

공부도 연애도 마음대로 안 된다며 어디론가 떠나고 싶다던 제자가 아프리카로 여행을 떠났다. 다른 사람이 되어 돌아오라며 멋있는 척하며 문자를 보냈다. 다른 사람이 되어 돌아오리라! 무사히 그대로 돌아오지 않으리라! 늘 다짐을 하고 여행을 떠났지만 언제나 그대로인 채, 떠날 때 그 모습 그대로, 그 마음 그대로 돌아오는 내가 싫었기 때문이다. 다른 삶을 살고 싶다면, 어제와 다르게 살고 싶다면…… 글쎄. 그런 방법이 있기는 한 걸까?

대안학교에서 책 읽기 수업을 할 때 일 년에 한 번 겨울방학에 책 쓰기 캠프를 했다. 캠프에서는 작가가 되어 자기 책을 쓴다. 저자가 되는 것이다. 책이라 하면 문학작품을 상상하기 쉬운데, 상상력을 동원하거나 멋지게 자기를 표현하는 책이면 좋겠지만 쉽지 않은 일이다. 그래서 일 년 동안 썼던 일기나 학교 행사 소감문, 기숙사 등 학교생활에서 일어난 일들을 쓴 글을 그저 모으는 게 대부분이다. 가끔 톡톡 튀는 아이들이 소설이나 시집, 자서전 비슷하게 쓰는 일에 도전은 하지만 많지는 않다. 또 관심 있는 주제를 공부해서 간단하게나마 책을 내는 경우도 있는데, 이 역시 많지는 않고 지금 생각해 보니 좀 아쉽기도 하다. 이럴 때 자기 관심이 그대로 보여서 아이들을 알 수 있는 기회인데 말이다. 나도 아이들이 추수를 하듯 일 년 동안 쓴 글을 모으는 것에 초점을 맞추었다.

책은 한 페이지 한 페이지가 모여서 된다. '페이지' 이 말의 어원인 '파구스(pagus)'는 '밭'이라는 뜻이다. 농사짓는 농부가 한 고랑 한 고랑 밭을 갈듯이, 정성을 다해야 뿌린 것을 거둘 수 있듯이 책이란 정직하게 뿌리고 거두는 것이란 의미라 한다. 그러니까 책을 쓰는 일이란 하루하루 자기 삶에 충실한 것에서 시작해야 한다는 뜻일 것이다. 책 쓰기 캠프에서는 먼저 책을 낸 작가를 초대해서(되도록이면 전문 작가가 아닌) 작가와 만나는 시간을 갖는데, 대부분 작가는 우리 학교 선생님 가운데 책을 내신 분이고 올해는 영어 선생님이었다. 영어 선생님은 선교사인 아버지를 따라 아주 어릴 때부터 다른 나라에서 국제학교를 다니면서 영어를 배웠지만 우리말을 잊지 않기 위해 집에서는 우리말을 썼다고 한다. 무엇보다 꼬박꼬박 일기를 썼다고 한다. 그것을 모아 대학 입학 때는 자비로 책을 내었고 이렇게 작가가 되었다.

그날 이야기는 하루하루 기록한 일기 곧 삶이 그대로 책이 되는 이야기였다. 그래서 강의 제목도 '나는 책을 쓰지 않았다'였다. 책을 내기 위해서 글을 쓴 것이 아니라 하루하루가 곧 책이 되었을 뿐이라는 의미일 것이다. 나는 일기를 썼을 뿐이니 여러분도 삶을 기록하라고. 꽉 채운 일기장을 전시도 했는데 얼마나 많고 다양했는지 보는 나도 참 많이 부끄러웠다.

중학교 3학년이 되는 혜정이는 해마다 수업 시간에 배운 것을 가지고 책으로 냈다. 옛날이야기 공부를 했던 1학년 때는 옛날이야기 책을 냈고, 시를 공부했던 2학년 때에는 시집을 냈다. 배운 것이 그대로 책이 되었다. 그러니 혜정이는 정직한 삶의 작가다. 한때는 옛날이야기에 빠져 이야기꾼이 되었다가 또 시인이 되어 시를 썼다. 혜정이는 이렇게 해마다 다른 사람이 되었다. 여행도 여행이지만 책을 쓰는 일만큼 다른 사람이 되는 방법도 없는 것 같다. 물론 정직한 삶이 먼저겠지만.

나의 일, 나의 삶을 기록하는 것

《월든》의 작가 헨리 데이비드 소로는 숲이 좋아 숲에 관한 책을 쓰고 싶어 숲으로 들어간다. 숲에 들어가 우선 집을 짓는다. 낡아 부수는 헌집에서 재료를 사다가 집을 짓고 그 기록을 꼼꼼히 남긴다. 그 내용을 담은 그림책이 《헨리는 혼자서 오두막을 지어요》다. 그리고 숲에서의 생활을 그린 그림책이 《HENRY WORKS(헨리는 일해요)》다. 《HENRY WORKS》는 우리나라에서는 아직 출판되지 않았다.

널빤지 10,700원
헌 널빤지 5,200원
헌 창문 2개 3,100원
(……)

《헨리는 혼자서 오두막을 지어요》란 그림책 뒤에는 집을 지을 때 재료비가 고스란히 적혀 있고, 혼자서 집을 짓고 그곳에서 어떻게 살았는지는 《HENRY WORKS》란 그림책에 나와 있다. 헨리는 이렇게 숲속에 혼자 집을 짓고 마을과 동떨어져 살았다. 숲을 제대로 만나고 싶었기 때문이다.

지난여름 헨리 데이비드 소로가 들어갔던 숲속 호숫가 월든에 다녀왔다. 그가 지었다는 통나무집도 보고 싶었고 이웃 마을에 살았다는 《작은 아씨들》의 작가 올코트의 집도, 철학자 에머슨과 작가 나다니엘 호손이 살았던 집도 가 보고 싶었다.

정말 헨리 데이비드 소로의 집은 마을과 떨어져서 월든 호숫가에 홀로 있었다. 너비 3미터 길이 4.6미터. 없는 것이 훨씬 많았던 단촐하고 좁은 그의 오두막에는 유명한 세 개의 의자—나를 위한 의자와 고독을 위한 의자 그리고 손님을 위한 의자—가 놓여 있었다. 헨리는 때론 고독하게 또 때론 친구와 함께 있었다. 그런데 헨리는 숲에서 무슨 일을 하고 살았을까?

헨리는 오늘 아침도 공기 냄새를 맡으며 일하러 간다. 헨리는 컴프리꽃을 캐다가 채닝을 만난다. 채닝이 헨리에게 낚시를 하러 가자고 하지만 헨리는 일하러 가는 길이라서 안 된다고 한다. 그리고 길을 따라 걷는다.

걷다가 헨리는 꽃에 물을 준다. 비는 오후에나 올 것을 알기에 지금은 물을 줘야 한다. 헨리는 마을을 지나 오솔길을 지나 숲으로 들어간다. 숲속 올코트의 들판에서 산딸기밭을 발견하고는 몇 포기 캐어서 모자에 넣는다. 빨래를 널고 있던 올코트 부인에게는 조금 있으면 비가 올 테니 빨래를 걸으라고 알려 준다. 다시 호손 씨네 집으로 가는 길을 따라 걷는다. 담장 안 정원에 포도와 라즈베리 같은 식물이 가득한 것을 보고는 모자 속에 넣어 두었던 산딸기나무를 꺼내어 준다. 그곳이 산딸기나무가 있어야 할 가장 적합한 장소 같아서 말이다. 그다음에 헨리는 비 오는 개울을 건너고, 허클베리 덤불을 발견하고는 덩굴을 잘라서 맛있는 허클베리 열매가 있는 곳까지 방향 표지판을 세워 둔다. 어느새 해가 기운다.
헨리는 집으로 돌아가는 길에 낚시하고 돌아오는 채닝을 다시 만난다. 채닝이 또 묻는다.

"일하러 갔었니, 헨리야?" 채닝이 물어요.
"지금부터 일을 하려고 해" 헨리가 말해요.
"도대체 그 일이 뭔데?" 채닝이 물어요.
"그건 글을 쓰는 일이야" 헨리가 말해요.
"난 책을 쓰고 있거든."

헨리는 하루 종일 숲속에서 지내다 집으로 돌아와 책상 앞에 앉는다. 그러고는 공책을 펴고 "오늘"이라고 쓰더니 "난 오늘 숲속을 걸었습니다"라고 쓴다. 헨리 데이비드 소로는 숲에 관한 책, 숲에서의 생활을 책으로 쓰고 싶어서 월든 호숫가로 갔다. 여기서 헨리의 '일'이란 바로 책 쓰는 것이고 그 책을 쓰기 위해 하루하루 일기를 쓴다. 그 일기란 다름 아닌 숲속에서의 생활이며 숲과 호수에서 본 것들이다. 하나하나 관찰했던 것들이 일기가 되고 책이 되니 헨리의 일이란 숲속에서 살아가는 삶 그 자체다.

그래서 헨리는 구름만 보고도 비가 언제 오는지 알 수 있고 어디에 허클베리가 많은지 안다. 꽃에 물을 주고 돌다리를 제자리에 놓는다. 다 헨리의 일이다. 이걸 하려고 숲으로 들어왔다. 그리고 그 일들이 고스란히 책이 되었다. 헨리가 살고 싶은 삶! 여기서 《월든》은 말할 것도 없고 헨리 데이비드 소로에 관한 인물 이야기와 그림책, 수필 들이 시작되었다.

  내가 숲으로 간 이유는 삶을 천천히 신중하게 꾸리면서 삶의 본질적인 측면들만 마주하며 삶이 내게 가르치는 것들을 배우고 싶어서였다. 죽음을 눈앞에 두고서야 내가 제대로 살지 못했다는 걸 깨닫고 싶지는 않았다.

  나는 참되지 않은 삶을 살고 싶지도 않았고, 체념을 연습하며 괴롭게 살고 싶지도 않았다. 삶은 너무나 소중한 것이기에.

  — 헨리 데이비드 소로,《월든》

20년 20일을 감옥에서 살았던 신영복 선생님이 2016년 겨울 돌아가셨다. 감옥에서의 여름은 사람을 증오한다고 하셨는데, 처음 감옥 생활을 시작할 때 그곳에서 작정하고 책을 읽기로 하셨다고 한다. 그런데 어느 날 밖에서 집을 짓던 목수가 집을 그릴 때 아래부터 그리는 것을 보고 놀라게 된다. "아하! 진짜 집을 아는 사람은 아래서부터 그리는구나! 진짜 집을 지을 때처럼. 책에서 집을 배운 난 지붕 즉 위에서부터 그렸는데" 하고 깨닫게 된다. 그 뒤로 선생님은 책 대신 사람을 읽기로 한다. 선생님에게는 지금 내 앞에 있는 사람이 책이었다. 20년 감옥살이에서 선생님이 자살하지 않았던 것은 감옥 안으로 들어오던 한줄기 햇빛 때문이고 살아 냈던 이유는 하루하루 사람이라는 책을 통한 앎과 삶 때문이라고 하셨다. 그것이 고스란히 책이 되었다.
혜정이의 수업은 그대로 책이 되었고 헨리 데이비드 소로의 하루를 기록하는 일이 책이 되었다. 그리고 감옥에서 신영복 선생님의 일은 사람들을 읽는 것이었고 이 또한 책이 되었다. 삶이 먼저다. 그리고 그 삶을 기록하는 일이 나를 다른 사람으로 만들어 줄 테다.